31

DÍAS PARA SER UNA MAMÁ *feliz*

ARLENE PELLICANE

EDITORIAL
PORTAVOZ

Título del original: *31 Days to Becoming a Happy Mom,* © 2015 por Arlene Pellicane y publicado por Harvest House Publishers, Eugene, Oregon 97402. Traducido con permiso.

Edición en castellano: *31 días para ser una mamá feliz,* © 2016 por Editorial Portavoz, filial de Kregel, Inc., Grand Rapids, Michigan 49505. Todos los derechos reservados.

Traducción: Ricardo Acosta
Revisión: Loida Viegas

EDITORIAL PORTAVOZ
2450 Oak Industrial Drive NE
Grand Rapids, MI 49505 USA
Visítenos en: www.portavoz.com

ISBN 978-0-8254-5690-9 (rústica)
ISBN 978-0-8254-6555-0 (Kindle)
ISBN 978-0-8254-8722-4 (epub)

1 2 3 4 5 edición / año 25 24 23 22 21 20 19 18 17 16

Impreso en los Estados Unidos de América
Printed in the United States of America

A mi madre.
No conozco madre más feliz que tú.
Gracias por aportar felicidad a mi infancia y por
darme alegría cada día.

Contenido

Introducción

No seamos del montón

Cuando mi hijo Ethan estaba en primer grado, tuvimos una de esas pequeñas charlas tras su reconocimiento académico.

—Estoy muy orgullosa de tu buen comportamiento en la escuela —manifesté radiante.

—Oh, sí —contestó Ethan—. Me porto muy bien en la escuela. ¡Soy mucho peor en casa, porque peleo con Noelle!

¿No es cierto que podemos portarnos bien y ser encantadores con los demás, pero con los miembros de la familia nos cuesta mucho más ser felices y agradables? Como madre, has adquirido este libro, porque sabes qué se siente al empezar el día como Mary Poppins y acostarte sintiéndote Cruella De Vil. ¿Por qué las madres modernas están tan estresadas, agotadas y abrumadas casi todo el tiempo? Tenemos parte de la respuesta en esta cita de Erma Bombeck:

> ¿Sabes cómo se llama a quienes usan toallas y nunca las lavan, comen y nunca lavan la vajilla, se sientan en salas que nunca limpian, y están entretenidos hasta caer rendidos? Si acabas de contestar: "Invitados", te equivocas, porque acabo de describir a mis hijos.[1]

Si esta situación te resulta conocida, ¡prepárate para el cambio! No estás dirigiendo un hotel; estás administrando un hogar. No tienes huéspedes a los cuales atender; tienes hijos que criar. Podemos quedar fácilmente atrapadas en la "cultura mami" que nos rodea, y en que los papeles se han invertido. Los hijos dictan las normas, y son las mamás quienes las obedecen. Cuando eso sucede, reina la infelicidad para madres e hijos.

Según un estudio Barna, 8 de cada 10 madres se sienten abrumadas

---

1. www.brainyquote.com/quotes/quotes/e/ermabombec164138.html (consultado el 4 de febrero 2015).

por el estrés, y 7 de cada 10 afirman no lograr descansar lo suficiente. Solo el 19% de mamás reconocen estar muy satisfechas siendo madres.[2] Mi objetivo es que, al acabar este libro, formes parte de ese 19%.

Deja de ser una madre del montón, esa ejemplificada por una mujer que conocí en una tienda de artículos de segunda mano. Con sus tres hijos aferrados a ella, intentaba ir de un pasillo a otro (palabra clave: *intentaba*). Era imposible no oírlos llorar, gimotear y renegar de forma bien audible. Entonces, uno de ellos me atizó un puñetazo en la pierna. La mamá se deshizo en disculpas. Desde la fila en la caja registradora pude observar cómo la mujer arrastraba a su hijo de cinco años como si fuera un muñeco de trapo, debajo del brazo, mientras el niño lloraba de manera tan histérica que parecía cacarear. En semejante situación, ¿quién podría ser una mamá feliz?

Ya es hora de aplicar un poco de sentido común a la maternidad actual. Podemos extraer sabiduría de guías sabios. Por ello he pedido a mis amigas escritoras que intervengan en el asunto. Mis hijos Ethan, Noelle y Lucy tienen diez, ocho y cinco años, así que entrevisté a madres más adelantadas que yo en este camino. Oirás hablar de abuelas orgullosas, de madres de adolescentes e incluso de una "Madre del Año". Verás perspectivas de madres solteras y de madrastras. Conforme vayas leyendo, con un corazón abierto, no solo encontrarás amigas y animadoras a lo largo del camino; conocerás a mentoras de las que te interesa aprender.

Señalemos los asuntos importantes

Pensé que mi esposo James estaba loco. Quería que nuestros hijos de quinto y tercer grado leyeran con nosotros un libro comercial, *El efecto compuesto* de Darren Hardy.[3] Parecía un tanto avanzado para nuestros futuros empresarios aún estudiantes de primaria.

A pesar de mis dudas, Ethan lo consiguió, pues logró leer y entender fácilmente el material. Noelle, nuestra hija en tercer grado, necesitó más ayuda. Después de todo, el capítulo 1 tenía palabras como *sensibilidades, comercialización* y *privación*. El interés compuesto no está entre las prioridades de una niña de esa edad. Sabíamos que no podría leer el libro por su cuenta; lo habría dejado a un lado por resultarle demasiado agobiante.

---

2. "Tired and Stressed, but Satisfied: Moms Juggle Kids, Career and Identity", Barna Group, 6 de mayo 2014, www.barna.org/barna-update/family-kids/669-tired-stressed-but -satisfied-moms-jugglekids-career-identity#.VOy_4mBMvGg (consultado el 22 de febrero 2015).

3. Para aprender más acerca de *El efecto compuesto: Multiplicar el éxito de forma sencilla*, por Darren Hardy, visita http://thecompoundeffect.com/ (solo en inglés).

Por ello, la niña y yo nos sentamos una al lado de la otra. Íbamos leyendo los párrafos por turnos. Cuando llegábamos a una palabra que Noelle desconocía, la rodeaba con un círculo. Yo le explicaba el significado de la palabra hasta que ella lo entendía. La niña centraba la atención en las palabras rodeadas por los círculos. No solo estaba recibiendo una lección de vocabulario, sino disfrutando también de un tiempo de calidad con mamá a la vez que aprendía valiosas lecciones para la vida.

Como Noelle, quien leyó aquel libro, bolígrafo en mano, deseo que tú imagines la maternidad como un libro en el que puedes hacer apuntes. Rodea con un gran círculo los asuntos importantes. Puedes tachar en rojo los errores y anotar al margen: "Aviso para mí: No volveré a hacer esto". Sin embargo, tendemos a destacar las palabras y las actividades esencialmente secundarias: hacer bizcochos, llevar a los niños al entrenamiento de fútbol, comprar uniformes y echar un vistazo a Pinterest en busca de ideas de decoración. No hay nada malo en ninguna de estas actividades, siempre que no sean lo único que marquemos en los círculos en nuestra vida de mamás. Rhonda Rhea, madre de cinco hijos, lo expresa de este modo:

> Si la alfombra del salón lleva acumulada la pelusa de diez años, a nadie le va a importar. Si las niñas van a la iglesia despeinadas y aunque alguien pueda considerarte una mala madre por ello, en realidad no tiene importancia. No te centres en ser la madre perfecta, sino en criar hijos piadosos. En lugar de pensar *¿Qué aspecto tiene mi casa?*, o *¿Qué tal me veo?*, piensa *¿Qué hay en el corazón de mis hijos?*[4]

Conocida como la mamá positiva, la escritora Karol Ladd coincide en que rodear con círculos cosas insignificantes puede desviar nuestra perspectiva. Por llegar tarde al cine, en una ocasión, la familia solo halló butacas libres en primera fila. Las escenas de guerra estaban demasiado cerca, las imágenes eran muy intensas, y toda la experiencia fue dolorosa. Tuvieron que regresar otro día y sentarse en un lugar adecuado para ver la película como debía verse. Karol comenta:

> De igual modo, la mamá feliz tiene que dar un paso atrás, no solo para ser flexible, sino también para pensar en la imagen

---

4. Entrevista personal con Rhonda Rhea, 14 de agosto, 2014.

panorámica. ¿Importará esto realmente dentro de diez años? ¿Qué puedo enseñarle a mi hijo al respecto? Teniendo en cuenta la eternidad, ¿será esto determinante? Con frecuencia, lo que ocurre en el momento parece tan enorme —ya se trate de un incidente en la escuela o de algo que nuestros hijos hicieron— que parece superar la vida misma. Pero si como mamás podemos dar un paso atrás y pensar en lo que Dios quiere enseñarnos a través de ello, la situación se ve diferente. Ojalá alguien me hubiera dicho que mantuviera en mente la imagen panorámica.[5]

Las cinco claves de la felicidad para mamás

Durante los próximos treinta y un días, vas a centrarte en ser una madre más feliz. ¿Pero por qué es tan importante? Quizás te parezca francamente egoísta. Pues bien, considera la alternativa. Si eres una mamá infeliz que se queja de la vida, les grita a sus hijos, lanza amenazas vanas y tiene una vida constantemente gris, ¿de qué le sirve a tu familia? ¿Qué clase de atractivo tiene tu relación con Dios? Créeme, vivir con gozo es difícilmente egoísta. Ser una mamá feliz podría ser la manera más fabulosa de servir a tus hijos en estos momentos.

Pero tal vez no tengas *ganas* de sonreír. No te preocupes. Cuando te enfoques en estas cinco claves para la felicidad y uses el acróstico FELIZ, te prometo que te resultará más fácil volver a sonreír y hacerlo más a menudo. Estarás más...

Toni**F**icada
Ori**E**ntada a la acción
Ligada a la oración
Pers**I**stente
Reali**Z**ada

Estar *tonificada* no es únicamente para las ratas de gimnasio y los nutricionistas. Una madre que se preocupa de otros debe, antes que nada, cuidar de sí misma haciendo ejercicio, comiendo bien y descansando. Necesitas reservas espirituales y emocionales para guiar bien a tus hijos. No puedes impartir salud general a tus hijos si tú misma no la posees.

Cuando una madre está *orientada a la acción,* no disciplina con

---

5. Entrevista personal con Karol Ladd, 14 de agosto, 2014.

tono áspero, gritos o amenazas vanas. No es desagradable; no sermonea en exceso. Actúa como líder. Realiza los cambios necesarios e impone consecuencias coherentes. Tendrás que aprender a eliminar el mantra de las mamás: "¿Cuántas veces tengo que decirte que...?". Deberías estar más *ligada a la oración,* ¿pero cómo encontrar el tiempo? ¿Acaso la oración cambia realmente las cosas? ¿Se puede orar algo más aparte de "ayúdame" y "bendice a mis hijos"? Aprenderás que convertirte en una mamá de oración te dará una ventaja inimaginable.

Ser *persistente* es difícil. La maternidad no es una carrera de velocidad; es una maratón. Muchísimas mamás abandonan con demasiada facilidad cuando algo no sale bien al segundo intento. Tenacidad, determinación, resolución... estas son las tres características que la madre moderna necesita desesperadamente. Estás en esto para ganar.

Que te sientas *realizada* significa que contemplas la maternidad como algo enormemente positivo en tu vida. En lugar de lamentarte diciendo: "Mi vida se acabó ahora que soy madre", mirarás al futuro y lo verás brillar. No tiene nada de malo decir que no en ocasiones (tú y tus hijos lo necesitan), pero esta clave te ayudará a aceptar los "síes" de la maternidad.

Cómo aprovechar al máximo este libro

He notado dos tipos de personas en la vida: los "dime más" y los "ya lo sé". La primera toma un libro como mi *31 días para ser una esposa feliz* y comenta: "Llevo cuarenta años felizmente casada, pero estoy segura de que puedo aprender algo más".

La segunda abre el mismo libro y se dice: "Si a estas alturas no lo tengo claro, no lo aprenderé nunca".

Mi hija mediana, Noelle, es de las que dicen a menudo "ya lo sé" cuando su hermano mayor le da un consejo que ella no ha pedido. Resulta divertido cuando tienes ocho años y te defiendes de tu hermano sabelotodo. Sin embargo, para nosotras las madres, esta actitud de "ya lo sé" es tóxica, pues refuerza nuestras defensas y mantiene nuestro corazón cerrado a una verdadera transformación.

Conforme te vayas encontrando conceptos en este libro, te insto a no recurrir al "ya lo sé", sino que piensa: "dime más". Verás con nuevos ojos las ideas antiguas Esta manera de leer puede marcar la diferencia entre una vida cambiada y una vida estática y obsoleta.

Puedes leer un capítulo al día durante treinta y un días consecutivos, varios capítulos de una vez, o sencillamente uno a la semana (sin sentimiento de culpa), porque eres una mamá atareada. Adapta tu experiencia de lectura a lo que funciona para ti como madre. Si quieres mantener el rumbo correcto, puedes:

Iniciar un grupo de diálogo de madres felices. Puedes leer el libro junto a un grupo de mamás, o incluso con una sola que también quiera convertirse en una madre más feliz. Utiliza la guía de diálogo de las páginas 208-216. Lo ideal sería reunirse semanalmente durante seis semanas para comentar lo que están aprendiendo y determinar un inicio factible y una fecha de finalización.

Aprovechar el impulso. Al final de la lectura diaria hallarás un paso de acción y una oración: tu inyección diaria de energía. No te llevará mucho tiempo, pero si aprovechas sistemáticamente los impulsos, tu familia notará la diferencia. Recuerda que tus hijos no pueden ver las buenas intenciones de tu corazón, pero sí perciben tu comportamiento, tus palabras y tus hechos, para bien o para mal. Haz que este mes sea para bien.

Reflexionar en la Palabra de Dios. En las páginas 205-207 encontrarás una lista de versículos bíblicos que te animarán a convertirte en una madre más gozosa. Los puedes leer en voz alta o meditar en ellos a lo largo de tu día. Pon versículos en el espejo de tu baño, en el fregadero de la cocina o en cualquier lugar para que te recuerden la bondad de Dios y el gran llamado que disfrutas como madre.

¿Recuerdas el libro comercial que Noelle y yo estábamos leyendo: *El efecto compuesto*? Es muy apropiado aquí para nosotras, porque toda esa obra habla de hacer cosas pequeñas, aparentemente inconsecuentes, a lo largo del tiempo. La recompensa tarda en verse, pero es enorme cuando llega. Es el mismo potencial que ahora mismo tienes como madre. Realizarás pequeños cambios positivos que en el momento podrían parecer muy insignificantes, pero, con el paso de los años, esos pequeños ajustes actuales podrían marcar la diferencia entre una relación cercana o una lejana con tus hijos.

Hace algunas noches me levanté para ir al baño en mitad de la noche. Entré a la habitación de mis hijas para comprobar que estuvieran arropadas. Lucy tenía el cuello tan doblado que su cuerpo parecía un bastón de caramelo. Pensé que si yo durmiera así, tendría tortícolis durante varios días. La recoloqué. La manta había resbalado al pie de la cama, así que la extendí sobre su cuerpo en la noche fría. Traté de moverme sigilosamente, pero ella se despertó.

—Solo te estoy tapando —susurré.

—Buenas noches, mamá —me respondió, sin percatarse del tratamiento quiropráctico que le acababa de evitar.

Cuando regresaba a mi alcoba, una oleada de gozo invadió mi corazón. *Tengo que ser la mamá de esa pequeña criatura angelical* (recuerda que ella dormía). *Me necesita. Soy bendecida.* En ocasiones, esa apreciación de ser madre nos abruma como la marea, pero la mayoría de los días no percibimos el gozo de arropar a nuestros pequeños bastones de caramelo. Lo tomamos como trabajo... como un montón de trabajo interminable.

Es hora de poner un poco más de diversión a nuestro trabajo. Con la guía del Espíritu Santo serás transportada a un lugar mucho más feliz y apreciativo como madre.

Prepárate. ¡La ayuda está en camino!

¿Eres una madre feliz?

Antes de comenzar a leer el Día 1, haz esta autoevaluación para medir tu felicidad como mamá. No hay respuestas correctas ni otras madres mirando por encima de tu hombro para compararse contigo. Lee cada declaración y marca si en general estás de acuerdo o no.

1. La mayor parte del tiempo, la maternidad no me abruma ni me llena de tensión.

    ☐ De acuerdo   ☐ No estoy de acuerdo

2. Mis hijos son respetuosos y se comportan bien.

    ☐ De acuerdo   ☐ No estoy de acuerdo

3. No les grito a mis hijos.

    ☐ De acuerdo   ☐ No estoy de acuerdo

4. Mis hijos hacen lo que les digo, y no al revés.

    ☐ De acuerdo   ☐ No estoy de acuerdo

5. Descanso lo suficiente cada día.

    ☐ De acuerdo   ☐ No estoy de acuerdo

6. Saco tiempo para mis propios intereses aparte de mis hijos.

    ☐ De acuerdo   ☐ No estoy de acuerdo

7. No suelo compararme favorable ni desfavorablemente con otras madres.

    ☐ De acuerdo   ☐ No estoy de acuerdo

8. Estoy satisfecha con la forma en que mis hijos utilizan su tiempo frente al televisor (y con mi propio uso del mismo).

   ☐ De acuerdo   ☐ No estoy de acuerdo

9. Tengo otra mamá amiga o un grupo de ellas con quienes me reúno asiduamente para alentarnos y rendirnos cuentas.

   ☐ De acuerdo   ☐ No estoy de acuerdo

10. Oro por mis hijos a diario o casi todos los días.

    ☐ De acuerdo   ☐ No estoy de acuerdo

11. Tengo al menos un momento de diversión y risas todos los días.

    ☐ De acuerdo   ☐ No estoy de acuerdo

12. Entiendo que mi objetivo es formar adultos, no criar niños que dependan de mí.

    ☐ De acuerdo   ☐ No estoy de acuerdo

Suma el total de declaraciones con las que estás de acuerdo:

1-4: La mayoría de los días te sientes al límite de tus fuerzas. El marcador señala: *Hijos 18, Mamá 2.* Para ser una madre feliz debes empezar a hacer algunos ajustes importantes, como verte en tu papel de líder y actuar como tal. ¡Escogiste este libro justo a tiempo! Puedes lograrlo, mamá.

5-8: Experimentas una satisfacción moderada en tu función de madre. Ansías estresarte menos y reír más. A veces dudas de ti misma. Estás abierta a nuevas ideas y te motiva ser mejor madre. Usa los conceptos de este libro para llevar tu maternidad al siguiente nivel.

9-12: ¡Estás haciendo un gran trabajo! Edificas sobre una base firme. No hay límites para el gozo; por tanto, no dejarás de afinar tus habilidades de madre y crecerás en felicidad. Conforme aprendas lo que funciona en tu vida de madre, transmítelo a otras mamás. Dando y sirviendo a otras mujeres, recibirás aún más.

ToniFicada

E

L

I

Z

Primero las rocas grandes

*No os conforméis a este siglo, sino transformaos por medio de
la renovación de vuestro entendimiento, para que comprobéis
cuál sea la buena voluntad de Dios, agradable y perfecta.*

Romanos 12:2

Mi hija menor, Lucy, nació con el pelo tieso. Cuando cumplió
cuatro meses, parecía haber metido los dedos en un enchufe.
Imagínate un puercoespín asustado y sustituye las púas por grueso
cabello negro.

Un día invernal me hallaba haciendo compras de Navidad en la
sección de juguetes de una tienda con mi pequeña de cabello disparado
montada en el carro de compras. Una mamá pasó junto a mí, seguida
de sus dos hijitos. Se quedó mirando a mi adorable bebé puercoespín y,
en un tono que sus propios hijos pudieran oír, exclamó: "Con el tiempo,
todo va a empeorar".

No fui lo bastante rápida para devolver el tiro. "En realidad tengo dos
hijos mayores y opino que todo va a mejorar cada año. ¡Feliz Navidad!".
Es probable que no lo hubiera apreciado de todos modos. En aquel
momento aprendí algo importante de aquella madre gruñona: no quiero
ser como ella ni tener una mentalidad negativa respecto a la maternidad,
algo parecido a esto:

Cuando te cases… todo el romance se evaporará.

Cuando tengas hijos… despídete de tu vida.

Cuando tus hijos estén en la escuela primaria… espero que te
guste ser taxista.

Cuando tus hijos estén en la preparatoria… se convertirán en
extraños.

Cuando tus hijos estén en la secundaria… ¡te odiarán!

Cuando tus hijos vayan a la universidad… te chuparán hasta el último centavo.

Cuando tus hijos sean adultos… volverán a vivir contigo.

La mamá gruñona anticipa un desastre en cada esquina. Para ella no fue una grosería decir "Con el tiempo, todo va a empeorar"; solo fue un comentario hecho de paso y que fluyó de la realidad de su vida. Cuando tu mentalidad es negativa, no solo oscurece tu perspectiva, sino que envenena a quienes te rodean. Recuerda que la mamá gruñona hizo su amarga predicción mientras sus propios hijos escuchaban cada palabra.

Alimenta una mentalidad sana

Algunos días al año, mis hijos se quejan del programa escolar para días lluviosos. En lugar de salir al recreo, los niños son llevados a la sala de usos múltiples para la tortura de lo que Noelle denomina "programa de día aburrido". Cuando oyen predicción de lluvia, desaparecen las sonrisas.

La maternidad puede parecerse mucho a la lluvia. A veces azotan tormentas. Otros días vas arrastrando los pies; es una muerte lenta bajo cielos deprimentes de rutina. Estar encerrada con niños llorones, montones de ropa, platos por lavar y quehaceres puede parecerse al "programa de día aburrido" repetido una y otra vez. Sin embargo, ¿sabes que en medio de la monotonía puedes elegir alimentar una mentalidad de madre positiva?

Mientras doblas la ropa lavada, puedes elevar una acción de gracias por no estar separada de tus seres queridos.

Mientras haces recados, puedes escuchar emisoras positivas en el auto.

Mientras planificas tu día, puedes invitar a la mamá más positiva que conozcas a tomar un café.

No se necesita mucho para infundir vida al "programa de día aburrido" de ser madre. Se empieza teniendo la mentalidad correcta. En su revolucionario libro *La actitud del éxito*, Carol Dweck contrasta una mentalidad fija con otra de crecimiento.[1] Aplicando el concepto de Carol a la maternidad, si tienes una *mentalidad fija,* crees que, como madre, estás conectada a ciertos talentos y habilidades. No hay mucho que puedas hacer para cambiar las cartas que te han tocado. Si tienes una *mentalidad creciente,* estás convencida de que las habilidades se pueden desarrollar a través de la dedicación y el trabajo duro. Este punto de vista te anima a aprender cosas nuevas y a mejorar constantemente como mamá.

---

1. Carol Dweck, *La actitud del éxito* (Barcelona: Vergara Grupo Zeta, 2007).

¿Qué mentalidad te parece más sana para ti y tus hijos? Desde luego, la mentalidad creciente. Los días venideros no están tallados en piedra ni ruedan cuesta abajo hacia la tumba como le gustaría hacernos creer a la mamá gruñona. Según Daniel 12:3: "Los entendidos resplandecerán como el resplandor del firmamento; y los que enseñan la justicia a la multitud, como las estrellas a perpetua eternidad". Esto suena mucho mejor y más prometedor, ¿verdad?

Acertijos y prioridades

Mi esposo James presenta una lección práctica para niños de la que las mamás podemos aprender. Coloca ingredientes sobre una mesa: azúcar, arena, canicas, pelotas de pimpón, algunas piedras grandes y un frasco de manteca de maní vacío y les pregunta a los niños: "¿Creen ustedes que todos estos artículos caben en el frasco?". Empieza metiendo el azúcar, la arena y las canicas. Cuando agrega las pelotas de pimpón ya no queda espacio en el frasco para las piedras.

Entonces James saca todo y empieza de nuevo, esta vez poniendo primero las piedras y después las pelotas de pimpón. Luego deposita las canicas, el azúcar y la arena. ¡Ahora todo entra! Él les explica a los niños que cuando se ponen primero las piedras grandes (como la oración, la lectura de la Biblia, los quehaceres, terminar la tarea escolar), se tiene tiempo para las cosas extra en la vida como montar en bicicleta o ver películas.

Como mamás debemos poner primero las piedras grandes. Podemos estar apagando incendios y contestando mensajes de texto, cosas que parecen urgentes al momento, mientras hacemos caso omiso a lo que de veras importa. Poco a poco nos volvemos negligentes con la lectura bíblica. Ponemos a nuestros hijos por delante de nuestros esposos. Dejamos escapar nuestra salud.

¿Qué nos piden las asistentes de vuelo? Que nos pongamos nuestras máscaras de oxígeno antes de ayudar a otros. Mamá, no pases por alto esa máscara de oxígeno que cuelga delante de ti. Cuida de ti misma para que puedas cuidar a tu familia. Tomar decisiones saludables no es egoísmo.

Observa la motivación. No cuidas de ti misma para escapar o verte espléndida en tu *selfie*, sino para servir a otros. Poner primero las piedras grandes implica determinar qué es realmente importante como madre. El legendario entrenador de baloncesto John Wooden declara:

Tómate un momento para rodear con un círculo las siguientes características personales que posees: confianza, sensatez, imaginación, iniciativa, tolerancia, humildad, amor, alegría, fe, entusiasmo, valor, sinceridad, serenidad.

Espero que hayas marcado todas las características porque todas están dentro de cada uno de nosotros. Que afloren solo depende de nosotros.[2]

¡Adelante! Rodea con un círculo todas las características que posees y subraya las que deseas desarrollar en tu vida de madre. Estas virtudes no se nos reparten al nacer. Las extraemos mediante el uso y el esfuerzo, el duro trabajo en el desarrollo personal fomentado por la mentalidad de crecimiento. Por ejemplo, si deseas adquirir confianza, ponte en situaciones que la aumenten, ya sea cantando como solista o uniéndote a un grupo de madres.

Adoptar nuevas actitudes positivas y un cambio de comportamiento puede resultar abrumador. Es como trabajar en un rompecabezas de mil piezas: podrías sentirte totalmente perdida y creer que tus esfuerzos son inútiles. Sin embargo, ¿cómo se arma un rompecabezas? Una pieza tras otra, comenzando por la más fácil. No trates de ser más paciente, gritar menos, cocinar más, terminar proyectos que empiezas, e iniciar un estudio bíblico en tu vecindario, todo ello en una sola mañana. Comienza con una mejora a la vez, y luego construye sobre tu éxito.

Algún día serás número cinco

Si te llamas Mamá, tal vez seas la persona más popular en la casa… o en el mundo. Un hijo pregunta: "Mamá, ¿dónde está mi tarea?", a la vez que otro reclama: "Necesito que firmes esto", y otro grita desde el baño: "¡Mamaaaa!". James suele decir que Mamá es más popular que Papá Noel.

Esta fama instantánea puede hacer que nuestras prioridades se mezclen. En lugar de invertir en nuestro matrimonio o en nuestra relación con Dios, vertemos todo lo que tenemos en la parte más vocal de nuestras vidas: nuestros hijos. Por ello, es realmente sabio entender que algún día serás el número cinco. Permíteme explicar algo sobre mi amiga, escritora, madre y abuela, Kendra Smiley.

Cuando el cuñado de Kendra estaba viviendo sus últimos días en la tierra, debido a un tumor cerebral, ella se sintió guiada a considerar seriamente sus prioridades. Kendra sabía que el orden correcto era

---

2. "Entrenador John Wooden con Steve Jamison, *Wooden: A Lifetime of Observations and Reflections On and Off the Court* (Chicago, IL: Contemporary Books, 1997), p. 68.

primero Dios, luego su esposo, seguido por sus hijos, el trabajo y otras cosas buenas como la obra voluntaria. Anotó sus prioridades en una hoja de papel y la puso sobre el escritorio. Allí quedaron escritas, pero la situación no pareció cambiar en absoluto. Kendra recuerda que, mientras limpiaba la bañera, clamó a Dios: "Por favor, ayúdame a entender mis prioridades, porque no me sirven de nada si no puedo implementarlas". Entonces Dios envió esta imagen a su mente:

Me hallaba pintando una acuarela, y el papel estaba en posición vertical sobre el caballete. Pensé: *No puedes pintar de este modo. Todo va a gotear. Todo tiene que estar plano.* Pero aun así pinté en aquel papel vertical con el Señor en la parte superior y, como era de esperar, Él se escurrió. Entonces pinté a mi esposo John y a los niños, mi obra, y mi servicio. Me di cuenta de que Dios quería que las cosas de la parte inferior tuvieran la influencia de todo lo que se hallaba en la parte superior de la lista.

Cuando pensamos en prioridades, a menudo lo hacemos distribuyendo el tiempo. ¿Significa esto que debo pasar ocho horas con Dios y seis horas con John? No, la vida no funciona así. Se trata de permitir que Dios gotee en todo lo que hacemos.[3]

Aquí tienes un ejemplo de cómo Kendra trabajó en el lienzo de prioridades de su vida de madre. Un importante ministerio la invitó con dieciocho meses de antelación a dar el discurso de apertura de un gran evento. Ella se percató de que aquello podría significar no poder ir a uno de los partidos de fútbol de su hijo que estaría en su último año de escuela secundaria. Kendra llamó al organizador y le preguntó si podía hablar el jueves en lugar del viernes o sábado, que eran días más concurridos. Terminó dando su conferencia el jueves y sentándose en las gradas el fin de semana en el partido de fútbol de su hijo. Todo fue así, porque Dios le dijo qué hacer mientras frotaba la bañera meses antes. Debes permitir que las cosas de la parte inferior de la lista reciban la influencia de todo lo superior y no al revés.

Kendra ha dado ejemplo y enseñado estas prioridades a sus tres hijos mayores. Por ello, ahora ella es el número cinco en las listas de

---

3. Entrevista personal con Kendra Smiley, 5 de agosto, 2014.

prioridades de ellos. Para sus hijos, Jesús está primero, sus esposas en segundo lugar, sus hijos en tercer puesto, el trabajo en cuarto lugar, y finalmente mamá encaja en el número cinco. Kendra ríe y dice que eso duele, porque sus hijos adultos siguen siendo los terceros en su propia lista, ¡pero ella es la quinta en la de ellos! Sin embargo, enseguida agradece ese quinto puesto. Kendra afirma que las madres que insisten en estar en la parte superior del orden jerárquico no suelen acabar ni en los diez primeros puestos.

Por tanto, cuando tengas un penoso "programa de día aburrido", o cuando el constante grito de "Mamaaaa" te taladre los oídos, recuerda que días mejores están por llegar. A fin de cuentas, no todo tiene que ir de mal en peor a partir de ese momento.

~~~~

MENSAJE DE LAURA PETHERBRIDGE PARA LAS MADRASTRAS

En la familia saludable, primero está Dios, segundo el cónyuge, y tercero el hijo. Pero cuando se produce una muerte o un divorcio, el hijo escala un puesto. Si te vuelves a casar, los hijos regresan otra vez al tercer lugar. Es una transición difícil, y muchas madres solteras no están preparadas para mover a su hijo a esa posición. A ellas les aconsejo que no se casen hasta que estén dispuestas a poner a su nuevo esposo en el puesto número dos. Eso no significa que no defiendas a tus hijos si tu nuevo marido los está tratando mal, sino que debes estar preparada para que tu matrimonio prevalezca. Esto es sumamente difícil para una madre cuyos hijos han ocupado ese segundo puesto durante un tiempo.

En un primer matrimonio, los hijos ven el afecto entre papá y mamá como una seguridad. Pero en las segundas nupcias esto mismo despierta inseguridad, porque les están quitando a su padre o madre. Algo en lo que la mayoría de padres o madres no piensan es que, tras casarse de nuevo, deberían pasar tiempo a solas con sus hijos biológicos. Esto los tranquilizará y entenderán que no te has deshecho de ellos para tener un nuevo cónyuge. Trata de hacerlo de forma regular. Podrías aprovechar el desayuno de los sábados o la pizza de los viernes por la noche. Tu hijo verá que tiene tu atención total durante la hora del café o de lo que suela tomar tu familia. Dile a tu hijo: "Te amo. Que me haya casado con José no significa que mis sentimientos hacia ti ya no sean los mismos. Sigo siendo tu mamá y eso no cambiará nunca. Siempre estaré aquí para ti". ✦

Inyección de energía para hoy

¿Te identificas con la mamá gruñona que no disfruta por completo de la maternidad? Cada vez que un pensamiento negativo llegue hoy a tu mente, piensa en dos cosas positivas para combatirlo. Por lo general, la manipulación presenta una connotación negativa, pero en este caso se usa para bien.

Oración de hoy

Señor, gracias por hablarme hoy. Ayúdame a adoptar una mentalidad de crecimiento. Quiero aprender a ser una madre más feliz y realizada. Enséñame a ser más amorosa con los miembros de mi familia. Muéstrame cuáles deben ser mis prioridades y cómo poner primero las piedras grandes, para que tú seas glorificado.

Día 2

~~~~~~

Tal vez no debas comer eso

~~~~~~

Todo lo que se mueve y vive, os será para mantenimiento:
así como las legumbres y plantas verdes, os lo he dado todo.

GÉNESIS 9:3

Todo comenzó con un riquísimo regalo de Navidad no apto para niños. Mi hijo Ethan, de siete años, recibió de su primo un paquete navideño de galletas Oreo de menta. Un paquete entero. Para un solo niño. Al ser una buena madre consciente de la salud, acaricié la cabecita de Ethan y le advertí que no podía comerse todas las galletas a la vez. Las coloqué en la parte más alta de la despensa, y él podía ir pidiéndomelas. A propósito, ¿he mencionado que las Oreo de menta son mis favoritas?

Irónicamente, Ethan tiene un increíble autocontrol del que yo parezco carecer. Durante varios días después de Navidad me comí una o dos galletas. Bueno, lo confieso: eran más bien tres o cuatro. Mi excusa racional fue que así impedía que Ethan consumiera todo ese terrible azúcar. El paquete no tardó en quedar *vacío*. Ethan todavía no había pedido ni una sola galleta y yo oraba para que las olvidara. No lo hizo.

—Mamá, ¿dónde están mis Oreo de Navidad? —preguntó días antes de San Valentín.

—Me las comí —contesté débilmente, casi en un susurro.

—¡Te comiste *mis* galletas!

Me apresuré a disculparme sinceramente. Entonces hice restitución: fui a la tienda a comprar otra bolsa, y esta vez no me comí ni una.

La comida puede ser, sin duda, una piedra de tropiezo para nosotras las madres. Rodeada de incontables fiestas de cumpleaños, la casa puede convertirse en el caldo de cultivo para la comida basura. Recuerdo haber asistido a una fiesta que incluía una piñata llena a rebosar de Kit Kats. Debí de haber comido docenas de chocolates Kit Kats aquella semana. En otro cumpleaños, cuando Ethan tenía unos cinco años, observé que estaba solo y serio, sentado a la mesa. Mientras los demás niños comenzaban de nuevo a jugar, mi hijo arañaba hasta el último bocado de glaseado de su plato. Se le veía tan absorto en su tarea que pensé: *¡Oh no, es igualito a mí!*

Auxilio, los pasteles están ganando

Hannah Keeley es la productora y presentadora del programa de televisión *Hannah, Help Me!* [Hannah, ¡ayúdame!], un programa de cambio de imagen para madres. Siendo ella misma mamá de siete hijos, ha aprendido a hacer cambios radicales. A los pocos años de su primera maternidad estaba en mala forma, cansada y con sobrepeso. Hannah se propuso hacer algo al respecto.

> Tenía una gran vida por delante, y no podía experimentarla si estaba cansada, exhausta, y con una panza que colgaba por encima de mis pantalones de mezclilla. Empecé a considerar realmente qué metía en mi cuerpo. Cuando me alimentaba de comida sana, sentía de repente que tenía más energía. Deseaba comer lo que me hacía sentir viva, llena de energía, y feliz. Muchas personas son adictas al azúcar, y se preguntan por qué se sienten enojadas y aletargadas. La comida puede ser una bendición o una maldición, como todo lo demás en la vida.
>
> Cuando contemplo un pastel de chocolate, no veo en ellos nada que Dios haya hecho. Lo siento, pero sencillamente no lo veo. Sin embargo, puedo ver en un aguacate, una manzana, o una rebanada de pan de trigo integral algo creado por Dios. Por tanto, aquí tienes una regla sencilla: si es un alimento hecho por Él, disfrútalo y cómelo. Tu cuerpo lo reconocerá como tal. Sin embargo, no sabe qué hacer con un pastel. Lo tomará y lo pegará en tus caderas o muslos. ¡Es que no sabe qué hacer con ello![4]

Por desgracia, creo que mi amada azúcar glaseada entra en la categoría de "alimentos no creados por Dios". Me gusta el humor de Hannah y la simplicidad de su enfoque. Nos anima a usar estas tres preguntas a la hora de elegir la comida:

- ¿Es comida sana?
- ¿Me hará sentir viva?
- ¿Puedo reconocer esta comida como algo hecho por Dios?

---

4. Entrevista personal con Hannah Keeley, 13 de agosto, 2014.

Comer sano exige planificación. Cuando tenemos hambre y estamos ajetreados, hacemos un alto y comemos comida práctica, por lo general precocinada y cuya respuesta a las tres preguntas de Hannah no es un "sí". Cuando esperamos ante la ventanilla para autos de una hamburguesería, podríamos pensar en pedir una ensalada con vinagreta balsámica, pero nos llevamos una hamburguesa con doble porción de tocino. Es demasiado tentadora. No obstante, podríamos llevar una pequeña nevera portátil con un sándwich de pavo y una manzana. ¿Sería un esfuerzo extra? Sí. ¿Merecerá la pena más adelante? Por supuesto que sí.

El entorno siempre triunfa sobre la fuerza de voluntad

El punto de inflexión en mi salud llegó hace trece años, cuando el jefe de James contrató a un entrenador personal empresarial. James llegó a casa con todo tipo de ideas nuevas inculcadas por aquel cartel publicitario ambulante del bienestar físico. Me pregunté qué le había sucedido a mi esposo, tan amante de las galletas de chocolate. Cambiamos las rosquillas por avena, las meriendas dulces por fruta, y dejamos de consumir helados. A los pocos días de esta revolución desaparecieron mis dolores cotidianos de cabeza. Adquirí mucha más energía y bajé una talla de ropa. Lo que comenzó como un período de sufrimiento redundó en un nuevo estilo de vida que ambos aprendimos a amar.

Desde que efectuamos estos cambios en nuestros hábitos alimentarios he quedado embarazada cinco veces después de los treinta años: tres bebés y dos abortos involuntarios. Créeme, he tenido altibajos en mis hábitos nutricionales (recuerda aquellas Oreo). Creo que lo más útil que he aprendido en cuanto a perder peso y mantenerme así es que el entorno es más importante que la fuerza de voluntad. Puedo prometer que no comeré dulces durante un día; sin embargo, ¿qué sucede cuando suena el timbre y recibo una lata de palomitas de maíz de caramelo? Me prometo que el día *siguiente* no comeré dulces. La fuerza de voluntad se desvanece en un ambiente de placeres tentadores.

Durante mi ritual de enero de cada año para intentar perder el peso ganado en Navidad, me entraron ganas de comerme una barra de chocolate. En la envoltura aparecía escrito: "Cumple tus promesas, especialmente las que te haces a ti misma". Sin perder un instante, Ethan declaró: "Es divertido. ¡Si cumples tu promesa, quizás no te comas el chocolate!".

En lugar de armarnos de mayor fuerza de voluntad, debemos actuar de otro modo. Es necesario centrarse en crear un lugar saludable donde comer para tener más energía como madres. Tal vez no tengamos control sobre nuestro ambiente laboral o en lo que nuestra amiga sirve en el almuerzo en su casa, pero sí tenemos algo que decir respecto a las existencias en nuestro propio hogar. En la refrigeradora tiene que haber fruta lista para comer y vegetales a nuestra disposición. No deberíamos ir al supermercado cuando tenemos hambre, y antes de colocar algo en el carro de la compra debemos formularnos las tres preguntas de Hannah:

- ¿Es comida sana?
- ¿Me hará sentir viva?
- ¿Puedo reconocer esta comida como algo hecho por Dios?

Si quieres perder peso o mantenerlo, empieza eliminando del carro de la compra los alimentos que representen un peligro para tu salud. Tú conoces tus minas terrestres: salado o dulce, papas fritas o galletas, helado o pasteles. Recuerda, si tienes acceso fácil a la comida chatara, la consumirás. Así que tendrás que establecer grandes barreras entre tú y los pasteles. Podrías meter todo este tipo de comida en una caja grande y sellarla con cinta de embalaje. Ábrela en una fecha concreta o cuando alcances tu peso ideal.

Puedes pedirle a tu familia que se una a ti en comer saludable durante un tiempo. Lo sé, podrías repetir las palabras de Erma Bombeck: "En general, mis hijos se niegan a comer cualquier cosa que no hayan visto anunciado en televisión".[5] Tal vez durante un mes (o incluso una semana) podrías abandonar los refrescos, los postres o las papas fritas. Lo más probable es que notes una diferencia positiva durante este período de prueba, y podrías decidir adoptar en la familia algunos nuevos hábitos alimentarios.

Tras empacharse de galletas navideñas, nuestra familia prescindió de dulces y bebidas azucaradas durante un mes, hasta el Día de San Valentín. En la iglesia le ofrecieron a Lucy ponche de frutas. Con su pequeña voz preguntó si la bebida tenía azúcar y, al recibir la respuesta, contestó: "Oh, eso es un problema". ¡Hasta los niños más pequeños pueden aprender a comer sano!

Una amiga mía siempre tenía a mano dos litros de Coca-Cola y una bolsa de papas fritas. Después de que le diagnosticaran cáncer, tuvo que cambiar por completo su dieta. Ya no encuentras Coca-Cola ni papas fritas en su casa. Su salud es demasiado importante para ello.

Cuando las madres comenzamos a comer sano, es muy probable que

---

5. www.brainyquote.com/quotes/authors/e/erma_bombeck_3.html (consultado el 13 de enero, 2015).

nuestros hijos hagan lo mismo. La hija de Hannah, de diez años, le dijo hace poco: "Tengo hambre. ¿Puedo prepararme un poco de quinoa con espinacas?". Sé que mis hijos aún no han llegado a eso, pero aspiro a ello.

¡Planifícate para el "POER"!

Lucy, de dos añitos de edad, caminó hacia mí de manera teatral, con los hombros caídos. "¿Almorzaremos pronto? —preguntó—. ¡Necesito más 'POER'!". Como mamás definitivamente necesitamos más "poer" para lidiar con niños activos. Parte de esa energía viene de consumir comidas saludables que nos alimenten y nos hagan sentir bien, y no decaídas. Contamos con una amplia gama de alimentos para elegir. Solo mira el versículo al inicio de la lectura de hoy y verás que Dios nos ofrece una variada gama de plantas, pescado y animales de la que elegir para nuestra nutrición y disfrute.

Sin embargo, muchas madres luchan con el aumento de peso, y ninguna dieta parece ayudar. Uno de mis oradores favoritos, el finado Zig Ziglar, dijo que "muchas personas son malos oyentes, porque se concentran más en adquirir conocimiento que en aplicar lo que ya saben".[6] Compraremos el siguiente libro sobre dietas que promete una nueva solución, pero aún no hemos cambiado los comportamientos que el último libro leído retaba.

Todos entendemos que si consumimos más calorías de las que gastamos, ganaremos peso. Sabemos que las papas fritas son menos saludables que las verduras frescas. Pero tenemos problemas para relacionar ese conocimiento con nuestro comportamiento; seguimos prefiriendo las papas. Usando los principios que Noelle y yo estamos aprendiendo en *El efecto compuesto,* permíteme mostrarte algo pequeño y revolucionario que cualquier mamá (es decir tú) puede hacer para mejorar radicalmente su salud y su felicidad.

Supongamos que mamá Sara da el pequeño paso de eliminar 125 calorías diarias, y que mamá Martha opta por el pequeño y demasiado fácil paso de agregar 125 calorías diarias. Al cabo de diez meses no existe gran diferencia en la apariencia física de ambas. Pero en el mes treinta y uno la diferencia es evidente. Sara ha perdido quince kilos y Martha ha ganado quince kilos. Si ambas empezaron con el mismo peso, eso equivale a treinta kilos de diferencia entre ellas, y todo comenzó con tan solo 125 calorías diarias.

---

6. Capilla de la Universidad Regent con Zig Ziglar, primavera de 1998.

¿Ves ahora cómo un pequeño hábito diario marcó finalmente tan poderosa diferencia en la salud de esas madres? Estés eliminando una rosquilla o añadiendo una manzana al día, las pequeñas cosas que te metes en la boca influirán en gran manera en tu nivel de energía y felicidad. ¿Necesitas más "poer" en tu vida? Decide consumir alimentos verdaderos en tu próxima comida. Tal vez no sea tan mala idea envolver las galletas Oreo de tus hijos en cinta de embalaje para que no puedas abrir el paquete.

~~~~

¡OCHO SÚPER ALIMENTOS PARA ADQUIRIR "POER"!

- arándanos
- frijoles negros
- espinacas
- yogur

- tomates
- zanahorias
- avena
- nueces

Inyección de energía para hoy

¿Qué puedes hacer hoy para eliminar 125 calorías? (Sugerencia: no elimines frutas ni vegetales). Haz un esfuerzo consciente por evitar esas calorías extra. ¡Verás que no era tarea tan difícil!

Oración de hoy

Señor, la Biblia dice que una persona sin dominio propio es como una ciudad con los muros derribados. Ayúdame a tener dominio propio en mis decisiones alimentarias. Espíritu Santo, sé mi consolador y relájame a fin de que yo no tenga que recurrir a comer lo que no me alimenta. Te pido fortaleza para elegir comidas saludables hoy día.

Día 3

No dejes de moverte

Rebeca… salía con su cántaro sobre su hombro… Y se dio
prisa, y vació su cántaro en la pila, y corrió otra vez al
pozo para sacar agua, y sacó para todos sus camellos.
GÉNESIS 24:15, 20

Fui a un café solo para mamás. En el interior había una colorida zona de juegos, un salón de ejercicios para clases "mamá y yo", y pequeñas mesas de café para que las mamás charlaran. Me puse a conversar con otra madre cuando mis hijos se fueron al tobogán. En aquel momento tendrían uno y tres años y yo anhelaba una conversación de adultas.

Le pregunté a la mujer sobre sus pasatiempos, e inmediatamente se le iluminó el rostro. Su pasión era jugar en una liga de voleibol.

—¿Cuándo juegas ahora? —le pregunté.

—Oh, no lo he vuelto a hacer desde que fui madre.

Esto suena terriblemente conocido, ¿verdad? Cuando nos convertimos en madres, muchos de nuestros intereses se dejan a un lado por una temporada o por mucho más tiempo. A veces esto no puede evitarse, pero cuando se trata de hacer a un lado el ejercicio, sería conveniente volver a entrar en el juego lo antes posible.

El ejercicio no solo evita que la cintura se ensanche, sino que mejora tu estado de ánimo y tu sistema inmunológico, baja tu nivel de tensión, y te ayuda a dormir mejor por la noche. Un estudio demostró que los adultos deprimidos que tomaron parte en ejercicios aeróbicos mejoraron tanto como los que fueron tratados con antidepresivos.[7] El ejercicio puede ayudarte a convertirte en una madre mucho más feliz. Pero a muchas mujeres les resulta difícil encontrar tiempo para hacer ejercicio. Imagino a mujeres del Antiguo Testamento, como Rebeca, en el versículo inicial,

---

7. Olga Khazan, "For Depression, Prescribing Exercise Before Medication", *Atlantic*, 24 de marzo, 2014, www.theatlantic.com/health/archive/2014/03/for-depression-prescribing-exercise -beforemedication/284587/ (consultado el 19 de febrero, 2015).

haciendo mucho ejercicio en la vida cotidiana: iban a buscar y cargar agua, se desplazaban siempre a pie. En lugar de eso, la mamá moderna acelera su todoterreno.

Busca a un familiar a quién darle una patada

Al ser china, recibí mi porción de burlas en la escuela: "¡Cuidado con Arlene, sabe karate!". Yo odiaba aquello. Hasta James me ha presentado a otros diciendo en broma que yo tenía cinturón negro. Siempre me apresuro a decir que lo compré en un almacén. Pero este año, y para mi gran sorpresa, nos hemos convertido en una familia de artes marciales. Esto comenzó cuando James vio cómo un niño le retorcía hacia atrás el brazo a Noelle en la escuela. No lo hizo con mala intención, pero mi hija no pudo soltarse del agarrón. Lo siguiente que supe es que James estaba visitando todos los gimnasios de artes marciales en un radio de treinta kilómetros. ¡Nuestros hijos iban a aprender a defenderse! Un día mi esposo llegó a casa con una sonrisa de oreja a oreja. "Imagina quiénes van a aprender artes marciales —preguntó—. ¡Todos nosotros!",

Resulta que en el gimnasio le informaron que si pagábamos por los tres niños, James y yo podíamos tomar clases gratis. Así que, allí nos plantamos los cinco en la clase de niños con nuestras camisetas negras con la imagen de un dragón y sus correspondientes pantalones negros. Los demás padres se sentaban en la sala de espera a observar, mientras James y yo éramos los "niños" más altos de la clase.

¿Que si me daba vergüenza? Pues claro que sí, como en todas las clases cuando hago mis malabarismos y hay un metro de aire entre mi piernas y el suelo. ¿Si he querido tirar la toalla? Claro que sí, como cuando mi cabeza quedó atrapada bajo la pierna doblada de mi esposo, mientras él realizaba el movimiento de artes marciales mixtas conocido como "triángulo estrangulador". Hace falta una gran dosis de humillación para que te emparejen con una chica de doce años en lucha y pierdes. Mis patadas carecían de "poer", y la lucha libre me va tan bien como el cálculo. Ah, ¿he mencionado que los viernes vestimos todo el equipo de pelea? Casco, protección pectoral, espinilleras, guantes de boxeo. A mí, o me golpea James o me abraza Lucy.

Pero he descubierto que la humillación es buena para mi ego. Los beneficios son muy superiores a los aspectos negativos. Como pareja de casados, James y yo tenemos una actividad mutua, un montón de chistes, además de un régimen incorporado de ejercicios. Nuestros hijos siempre recordarán que nos *unimos* a ellos en lugar de *observarlos*. Este deporte añade calidad de tiempo a la familia. Créeme, es camaradería con C mayúscula.

Las artes marciales sirven de actividad física para nuestra familia. ¿Qué funciona para la tuya? Espero que no sea atar cordones de zapatillas de fútbol o recoger camisetas, sino que elijas algo que puedas hacer para convertir la actividad física en una parte habitual de tu vida o la de tus hijos:

- Montar en bicicleta
- Dar largas caminatas los fines de semana
- Aprender a patinar en línea o sobre hielo
- Trotar juntos
- Hacer ejercicios de videos

Te animo a aprovechar el poder de hacer ejercicio con un miembro de la familia o amigas. Desde hace más de diez años, mi mamá y yo hemos asistido juntas a clases de ciclismo casi todos los jueves por la mañana. En modo alguno yo habría seguido asistiendo sola. Ejemplo al respecto: creo que habré utilizado la bicicleta estática que tenemos en casa un par de veces en cinco años. Pero cuando me motiva tener allí a mi madre, y temiendo la ira de mi instructor si no asisto a la clase, me monto sin falta cada semana en mi bicicleta. Ese es el poder de tener una cita de ejercicio con alguien más. Exactamente igual que con la comida, el entorno es más fuerte que la fuerza de voluntad. Podrías *querer* hacer ejercicio, pero en realidad *no lo harás,* a menos que tu entorno lo demande (y cuando hayas pagado por hacerlo).

Suda

James está obsesionado con el sudor.

—Creo que podrías embotellarlo y venderlo como vitamina —me dice.

—Eso es asqueroso, querido —contesto.

Sin embargo, los médicos están de acuerdo en que existen muchos efectos secundarios positivos del sudor. Transpirar puede ayudar a aliviar molestias y dolores. Según el doctor James Ting, "el ejercicio estimula vías neuroquímicas del cerebro que resultan en la producción de endorfinas que actúan como analgésicos naturales.[8] El sudor elimina toxinas,

---

8. Ayren Jackson-Cannady, "Sudor: 7 Razones por las que le hace bien al cuerpo", revista Fitness, www.fitnessmagazine.com/health/sweat-health-benefits/ (consultado el 19 de enero, 2015).

controla cambios de humor, previene resfriados y otras infecciones, e incluso puede limpiar espinillas. Así que la próxima vez que te sientas deprimida te vendría bien sudar treinta minutos. Lo más probable es que recuperes la sensación de bienestar y tengas después más energía. No importa si te gusta montar en bicicleta, caminar, correr, levantar pesas, bailar o nadar. Se trata de mantenerte en movimiento y encontrar algo que vayas a hacer realmente y que no te quedes en el intento. No necesitas otra buena idea, sino un hábito. Según las "Directrices de la actividad física para los estadounidenses" publicadas por el Departamento de Salud y Servicios Humanos de los Estados Unidos, los adultos necesitan al menos:

> Dos horas y treinta minutos (ciento cincuenta minutos) de actividad aeróbica de intensidad moderada cada semana, o una hora y quince minutos de actividad de intensidad vigorosa. La actividad aeróbica debe realizarse durante al menos diez minutos seguidos, y de preferencia a lo largo de la semana.
>
> Las actividades de fortalecimiento muscular de intensidad moderada o alta y que involucren a todos los grupos principales de músculos deben hacerse dos o más días por semana.[9]

Si estás pensando: *¿Cómo puedo cumplir estas directrices con el horario que tengo?*, recuerda que puedes extender tu actividad a lo largo de la semana. Puedes levantar pesas mientras ves televisión, o llevar a tus hijos a la escuela caminando en vez de conducir. Nuestra familia tiene un "minuto mágico". Los cinco nos acostamos en la alfombra, el cronómetro empieza, y vemos quién puede hacer la mayor cantidad de abdominales en un minuto o realizar sentadillas durante más tiempo. Es rápido y divertido.

No te sientas mal respecto a la programación del tiempo de ejercicio durante la semana. Tus hijos no sufrirán porque hayas asistido a una clase de gimnasia ni porque levantes pesas en la sala mientras ellos hacen las tareas. Al contrario, verán a una mamá que se preocupa por su cuerpo, y esto les enseñará a hacer lo mismo. Aprender buenas costumbres de ti podría marcar una enorme diferencia en la salud futura de tus hijos.

La verdad es que o sacas tiempo ahora para hacer ejercicio, o lo

---

9. "Physical Activity Guidelines for Americans", www.health.gov/paguidelines/guidelines/ (consultado el 19 de enero, 2015).

tendrás que hacer para ir a la consulta de tu médico de cabecera, un cardiólogo, y después a la farmacia. Estoy segura de que conoces a otras madres con problemas médicos crónicos a los que el ejercicio y la dieta apropiada mejorarían mucho o erradicarían sus males. El gurú del estado físico, Jack LaLanne, declaró que el ejercicio es el rey y la nutrición la reina.[10] Administra bien esos dos aspectos y disfrutarás de una vida más larga y feliz.

No tienes que ser atlética para hacer ejercicio. Simplemente deja que mi torpeza te inspire. En la escuela secundaria yo era una chica que medía 1,75 m y que no jugaba al baloncesto. Estrellé mi bicicleta contra un auto estacionado. Aborrecía todo lo que tuviera que ver con ruedas y mis pies. Siempre era la última escogida para cualquier equipo. Me aterraba tocar el balón en cualquier deporte. Nunca he hecho una voltereta… jamás. Si alguien como yo es capaz de hacer ejercicio, cualquiera puede.

Por tanto, ahora que he echado por tierra tus excusas, ¿qué vas a hacer? ¿Cómo convertirás el ejercicio en un hábito de tu vida de madre? Recuerda hacer cambios de crecimiento en lugar de prometer ir al gimnasio todos los días para luego abandonar dos semanas después. Puedes hacerlo, mamá.

¡Ojalá que aquella madre del café esté de nuevo en un equipo de voleibol. Creo que esto infundiría mucho gozo en el desempeño de su tarea maternal. Imagino que sus hijos la animarían desde las gradas y algún día seguirían sus huellas saludables.

~~~

EJERCICIOS FÁCILES PARA MADRES OCUPADAS

Ponerse en cuclillas: Con los pies separados la distancia de las caderas, y la punta hacia adelante, inclina las rodillas y levántate. Mantén tu peso sobre los talones y las rodillas hacia delante. Si tienes un bebé, puedes usarlo como peso extra.

Caídas de silla: Siéntate en el borde de una silla con las manos a cada lado de las caderas. Desliza el trasero por el borde e inclina los codos a noventa grados. Mantén la espalda cerca de la silla y empuja hacia arriba.

Plancha: Coloca tus antebrazos en el suelo con los codos debajo de los hombros. Estira el cuerpo hacia atrás con los dedos de los

---

10. www.jacklalanne.com/index.php?select=LaLanneisms (consultado el 19 de febrero, 2015).

pies presionando el suelo y los glúteos apretados para estabilizar el cuerpo. La cabeza debe estar alineada con la espalda. Mantén la posición durante veinte segundos. Descansa y repite.

Supermanes: Acuéstate sobre el estómago con brazos y pies extendidos y abiertos. Levanta los brazos y las piernas hacia el techo para formar una gran U con tu cuerpo. Tu espalda está arqueada, y brazos y piernas levantados varios centímetros del suelo. Mantén la posición entre dos y cinco segundos, y baja para completar el ejercicio.

¡Y no olvides las flexiones y los abdominales clásicos! ✦

Inyección de energía para hoy

¿Estás respetando tus dos horas y media de actividad aeróbica y tus dos días de ejercicios con pesas? ¿Qué actividad puedes hacer esta semana para añadir gimnasia a tu rutina?

Oración de hoy

Señor, sé que mi cuerpo es el templo del Espíritu Santo. Quiero cuidarlo. Muéstrame cómo hacer ejercicio de manera más regular y eficaz. Ayúdame a no ser perezosa, a mantenerme en movimiento y a estar saludable para mis hijos.

Día 4

Una mamá necesita su descanso de belleza

Por demás es que os levantéis de madrugada, y
vayáis tarde a reposar, y que comáis pan de dolores;
pues que a su amado dará Dios el sueño.

<small>SALMOS 127:2</small>

¿Has oído hablar alguna vez del "espíritu del bizcocho"? No, no se trata de una leyenda de repostería ni de habilidades culinarias transmitidas de generación en generación. Es la frase que mi esposo utiliza para definir algo a lo que una mamá se compromete y que está más allá de lo que se requiere. Todo comenzó años atrás cuando prometí llevar bizcochos para el grupo de maestros de ceremonias (Toastmasters) al que James y yo estábamos asistiendo. Me apunté para los bizcochos en la hoja de refrigerios voluntarios. Así que la noche antes de la reunión me quedé hasta tarde horneando esos bizcochos prometidos porque no tuve tiempo antes. Esto tenía mucho sentido para mí. Lo estaba haciendo por necesidad. James pensó que era un uso ridículo del tiempo.

—¿Por qué no compras los bizcochos mañana por la mañana? —preguntó él cuando encendí el horno, mucho después de las diez de la noche.

—Planifiqué hacer bizcochos, ¡y es lo que voy a hacer! —contesté.

A decir verdad, yo tampoco quería hacer aquellos bizcochos. Solo quería ir a dormir. No soy panadera ni cocinera… tal vez por eso me pareció tan importante hacerlos en lugar de comprarlos. ¡Me demostraría a mí misma, a mi esposo y al mundo entero que podía hacerlos! No dormí esa noche, pero los miembros de mi grupo Toastmasters comieron mis bizcochos. No eran nada del otro mundo; de hecho, los comprados en la panadería habrían sabido mejor.

Ahora, cada vez que James sabe que me ofrezco para algo que a él le parece innecesario, vocifera: "¡Espíritu del bizcocho!". Él sabe que cuando me quedo despierta por la noche haciendo dulces (o cualquier otra cosa para lo que me hubiera ofrecido), al día siguiente estaré aletargada e irritable. James no quiere pagar tan alto precio por bizcochos, y sinceramente yo tampoco.

Permiso concedido

Cuando estoy ajetreada, desaliñada y he dormido poco, no me siento muy contenta. Pero si logro dormir lo suficiente (y me estoy refiriendo a ocho horas ininterrumpidas de sueño), estoy bastante tranquila y soy productiva, me siento alegre y soy mucho más razonable conmigo misma y con los demás. En cierto modo hemos creído la mentira de que es más noble hacer más y dormir menos. Nos esforzamos hasta perjudicar nuestra salud personal y tratamos de sobrevivir con unas pocas horas de sueño. Creemos que más tarde podremos recuperar el sueño, pero es ahora cuando tenemos que cumplir con nuestra lista de cosas pendientes.

Mi consejo es este: duerme más y sé una persona más agradable. Si durante mucho tiempo ignoras tu necesidad de dormir, tu salud y tu cordura sufrirán, y todos los que te rodean también.

Pam Farrel, escritora y también mi mentora, tiende a trabajar sin descanso. Es una persona demasiado activa. Una de las primeras preguntas que su médico le hizo en una visita reciente fue respecto al patrón de sueño que tenía. Pam se acostaba después de la medianoche y se despertaba al despuntar el alba. Él le dijo que al despuntar el alba estaba bien, pero que después de la medianoche estaba mal. Todo el mundo necesita dormir por lo menos siete u ocho horas para mantener la salud adecuada. Pam afirma:

> Dios hizo el anochecer y el amanecer por una razón. Creo que cuando nos cuidamos bien de nosotras mismas somos más felices. Cuando duermes bien en la noche, los problemas se mantienen en la perspectiva correcta. Es muy fácil sentirse abrumada cuando no has descansado.[11]

No puedes ser una madre estupenda si subsistes con unas pocas horas de sueño. Alguien va a pagar el precio por tu fatiga. Tus hábitos de sueño te afectan a ti y a quienes te rodean. Algunos factores son inevitables, como un bebé que llora o un dolor crónico, que te mantienen despierta. Pero muchas veces es el "espíritu del bizcocho" el que nos

---

11. Entrevista personal con Pam Farrel, 5 de marzo, 2013.

mantiene despiertas en la noche, ya sea horneándolos o contemplando unos virtuales en Pinterest. La escritora Kendra Smiley nos recuerda:

> ¡Por el amor de Dios, mamá, cuídate y descansa! Oigo a demasiadas mamás decir que tras acostar a los niños se han quedado despiertas hasta medianoche limpiando el horno y la cocina. ¡Ya basta! Los niños no recordarán que tu horno estaba limpio; recordarán que estabas alegre al empezar el día.[12]

¿No es liberador y útil poner las cosas en perspectiva? Prefiero dormir a limpiar. Kendra también aconseja levantarse una hora antes que los hijos para que las mañanas no estén llenas de "vamos, vamos, *¡muévete!*". Esa es otra razón para acostarse más temprano y empezar bien el día siguiente.

Dormir es importante para tu salud por una cantidad de razones, que incluyen:

- menor riesgo de enfermedades del corazón, ataques cardíacos, diabetes y obesidad
- mayor energía para una vida sexual placentera
- una memoria más activa
- mayor inmunidad
- mejor estado de ánimo
- un pensamiento más claro

Además, puedes perder peso después de quedarte dormida. Investigadores de la Universidad de Chicago y la Universidad Stanford descubrieron que la falta de sueño produce cambios en las hormonas que aumentan el apetito. Después de solo dos noches de privación del sueño, las personas estudiadas sufrieron un aumento del 24% del apetito y fuertes ansias por azúcar, sal y alimentos ricos en almidón. ¿Te suena? Los análisis de sangre mostraron niveles inferiores de la hormona supresora del apetito y superiores de la que desencadena el hambre. El médico que dirigió el estudio en Stanford declaró que quienes desean perder peso deben poner los hábitos saludables del sueño en el mismo nivel que los hábitos saludables de comer y hacer ejercicio.[13] ¿No te parece que dormir ocho horas cada noche es una manera maravillosa de frenar el apetito?

---

12. Entrevista con Kendra Smiley.
13. Ali Mohamadi, "Does Losing Sleep Mean Gaining Weight?", *ABC News*, 6 de diciembre, 2004, http://abcnews.go.com/Health/story?id=305906 (consultado el 20 de febrero, 2015).

Prepárate para el país de los sueños

Se publicitaba un equipamiento para excursionistas con el siguiente eslogan: "Prepárate. Resiste. Prevalece". Sonreí, porque parecía un lema perfecto para la maternidad. Si quieres estar preparada para tu combativo bebé o tu futuro adolescente inquieto, empieza por dormir muy bien esta noche. No afrontes esos retos agotada, o será imposible prevalecer.

No obstante, tener un buen sueño nocturno no es tan fácil como parece para muchas mamás. Según la encuesta de la Fundación Nacional del Sueño, más de la mitad de los estadounidenses informan de al menos un síntoma de insomnio, como incapacidad para conciliar y mantener el sueño. Un tercio experimentamos problemas de sueño todas o casi todas las noches. Los dos síntomas más comunes fueron despertarse cansados y desvelarse varias veces durante la noche.[14] Bueno, ustedes, las mamás de pequeños o adolescentes, podrían estar pensando ahora mismo que esto no es ninguna sorpresa.

La buena noticia es que aún puedes remediarlo y a partir de esta misma noche disfrutar de un sueño reparador. Existen algunos síes y noes que te ayudarán a conseguir tu descanso embellecedor.

Los noes

No tomes bebidas con cafeína al final del día. La cafeína proporciona un impulso de energía y estimula tu cerebro… algo que no quieres que ocurra antes de dormir.

No mires el reloj. Si no te has quedado dormida después de unos veinte minutos, levántate y haz algo relajante, como leer en otra habitación hasta que sientas sueño.

No veas la televisión en la cama. Establece un toque de queda para todas tus pantallas una hora antes de ir a la cama. La luz de la televisión, las tabletas y las computadoras alerta al cerebro y dificulta el conciliar el sueño.

No pagues tus cuentas ni trabajes en la cama. Usa tu cama para relajarte, no como escritorio.

Los síes

Acuéstate a una hora aceptable. Empieza a prepararte para dormir nueve horas antes de tener que despertarte.

---

14. "Insomnia", National Sleep Foundation, http://sleepfoundation.org/sleep-disorders-problems/insomnia (consultado el 27 de diciembre, 2014).

Atenúa las luces. Apaga las luces que no estés usando en la casa y atenúa las de tu dormitorio unos cuantos minutos antes de acostarte. *Realiza rituales de relajación antes de dormir.* Establece una rutina como leer unos minutos o escribir en tu diario antes de apagar las luces. *Mantén a mano una lista.* Escribe las ideas luminosas de tareas pendientes que atraviesan tu cerebro. Una vez escritas, olvídate de ellas. También puedes anotar tus preocupaciones y orar por las mismas antes de acostarte. James compró un bolígrafo con luz incorporada. De este modo, incluso si se despierta en medio de la noche con un pensamiento apremiante ("¡Mañana tengo que llamar a esta persona!"), no tiene que levantarse de la cama ni encender la luz. Usa su bolígrafo con luz y vuelve a dormirse.

Tener una rutina para dormir es sencillamente tan importante para nosotras, las madres, como para nuestros hijos. Mis tres hijos se ponen sus pijamas, se cepillan los dientes, leen la Biblia y hablan de los mejores momentos del día. Terminamos con oraciones, afirmaciones de amor y preguntas como: "¿Puedo tomar un vaso de agua?" y otros intentos de ganar tiempo. Como madres, nuestra rutina personal para dormir podría ser muy similar, con menos rodeos y recordando por adelantado nuestro vaso de agua.

Si te acuestas y te despiertas a la misma hora todos los días, será mucho más fácil que tu cuerpo entre en un patrón de sueño reparador. Resístete a la idea de utilizar las redes sociales (o de hornear bizcochos) antes de acostarte. Haz que tu dormitorio sea tan cómodo, oscuro y tranquilo como te sea posible.

La mejor manera de despertar

Siempre he tenido dificultad para despertarme temprano. Si no te has dado cuenta en la lectura de hoy, realmente me gusta y valoro mi sueño. James bromea diciendo: "Eres fabulosa en la cama", ¡pero con ese comentario no se está refiriendo a nuestra intimidad física! El afecto auténtico que tengo por mi almohada y por estar en posición fetal lucha contra mi deseo de orar y leer la Biblia al inicio del día. Algo que ha ayudado a esta persona poco madrugadora es esta sencilla regla: no reviso mi correo electrónico hasta haber orado y leído la Biblia. Dado que siempre reviso mi correo electrónico, esta regla me asegura que tendré algún tiempo con Dios antes de que el día me absorba.

La oradora, escritora y líder de adoración Gwen Smith es madre de tres adolescentes. Me encanta lo que tiene que decir sobre pasar tiempo con Dios:

No se trata de levantarse a las cuatro de la mañana para estar con el Señor, sino tan solo hacerlo. Buscar a Dios temprano en la mañana será distinto en las distintas etapas de la vida. Cuando tenemos niños pequeños, será más difícil; sin embargo, sigue siendo lo más importante. Veo estas entradas en el blog: "He tenido que renunciar a mi tiempo con el Señor". Pero estaremos exhaustas y cansadas a menos que pasemos tiempo con el Señor. Hallamos fortaleza cuando priorizamos el pasar tiempo con el Señor para leer su Palabra, buscarle en oración y escucharle. Y hasta añadir cinco minutos para leer un versículo y decir: *Señor, aquí estoy. Apacigua mi corazón. Establece prioridades en mi día. Dame la sabiduría que me falta. Te ruego que pongas en mi mente las cosas que deseas decirme hoy.* Cuando reflexionamos en la presencia de Dios y presentamos nuestra acción de gracias, Él despeja nuestro corazón y hace espacio para proporcionar exactamente lo que necesitamos. Ese es el mejor escenario para cualquier mamá.[15]

Al despertar de tu descanso embellecedor, recuerda maximizar tu día e influir como mamá buscando primero a Dios. Rechaza el "espíritu del bizcocho", apóyate en el Espíritu Santo, y atenúa las luces temprano por la noche para disfrutar de un buen sueño nocturno. Después de todo, necesitas tu descanso embellecedor, y tus hijos necesitan una mamá agradable por la mañana.

Inyección de energía para hoy

¿Qué idea sacarás de la lectura que acabas de hacer para conseguir un buen sueño nocturno a partir de hoy?

Oración de hoy

Señor, aquí estoy. Tranquiliza mi corazón. Establece prioridades en mi día. Dame la sabiduría que me falta. Te ruego que pongas en mi mente las cosas que desees decirme hoy? Gracias por lo que dice Salmos 127:2 respecto a que deseas conceder un buen sueño a quienes amas. Puedo dormir en paz, porque suceda lo que le suceda a mi familia, tú tienes el control.

---

15. Entrevista personal con Gwen Smith, 24 de agosto, 2014.

Día 5

Más vitamina G

¡Que den gracias al Señor por su gran amor,
por sus maravillas en favor de los hombres!

SALMOS 107:8 NVI

¿Y si hubiera una vitamina que pudieras echarte a la boca y te alegrara al instante? Mi divertida amiga y escritora Rhonda Rhea sugiere que algo así podría existir. Todas las madres deberían esconder una bolsa de pepitas de chocolate en lo más alto de la despensa, donde ningún niño consiga alcanzarla. Podría tomarlas como vitaminas. Siempre que te enfrentes a un pequeño reto, ¡degusta una pepita de chocolate!

Me temo que demasiadas de nosotras estamos siguiendo ya este consejo. Como estas hacen engordar con rapidez, ¿qué tal si encontramos una alternativa? Propongo tomar vitamina G, No la G de gruñona, que parece un suplemento común en la dieta promedio de las madres, sino G de *gratitud*.

Fern Nichols, fundadora de Mamás en Oración, agarró su batido matutino y salió corriendo hacia su auto. Cuando iba a abrir la puerta del vehículo, se le cayó el batido y se derramó sobre la acera. Fern se enfrentó a una decisión: enojarse por lo sucedido o encontrar una razón para estar agradecida. Decidió dar gracias por todo, incluso por el batido derramado.

> Dije: *Gracias, Señor. Gracias porque he tenido los ingredientes para hacer un batido. Gracias por poder limpiarlo.* Podría parecer algo trillado, pero las pequeñeces de la vida son las que te hacen equivocar, enfurecer y rezongar. Vamos, ¿no te parece divertido? ¿Cómo afectará este batido a mi día? No lo perjudicará en absoluto, porque escojo dar gracias también por eso.[16]

---

16. Entrevista personal con Fern Nichols, 13 de agosto, 2014.

Convertirse en una persona agradecida requiere un proceso de aprendizaje que dura toda la vida. En 1 Tesalonicenses 5:16-18 se nos ordena ser agradecidos: "Estad siempre gozosos. Orad sin cesar. Dad gracias en todo, porque esta es la voluntad de Dios para con vosotros en Cristo Jesús". Dar gracias te sitúa bajo la protección y la bendición de estar en la voluntad de Dios. Sencillamente, mantiene iluminado tu corazón de madre.

Levantarse con el pie izquierdo

La vida está llena de aciertos y equivocaciones. Por ejemplo, cuando Ethan tenía siete años, disfrutó de un día particularmente asombroso durante un fin de semana. Vio a su pastor de niños recibir pastelazos en el rostro para recaudar fondos destinados a las misiones. Vinieron algunos amigos suyos a jugar con él en casa. Tuvo una cita especial con sus abuelos en su hamburguesería favorita. ¡¡Mucho por lo que estar agradecido!!

El lunes resultó diferente. Ethan no salió al recreo, porque llovía. No le gustó la película que pasaron en el salón de usos múltiples. Sacó mala nota en su control de matemáticas. Después de clase fuimos a la biblioteca a recoger sus libros, pero me confundí de fecha y ya no estaban en la estantería. Él se puso a llorar.

Después de la cena, él y yo lanzamos algunos tiros en la canasta de la entrada, en un intento de alegrarle. Jugamos al juego del caballo. Gané yo. Volvimos a jugar y gané de nuevo. "Hoy me levanté con el pie izquierdo", comentó Ethan tristemente. Pero el día terminó con otra nota amarga. Abrí un paquete nuevo de cepillos de dientes. Noelle escogió el azul, dejando el rojo para Ethan. "El azul es mi color favorito", susurró él.

Todos hemos tenido días malos, ¡y a veces se encadenan durante meses! En la maternidad se repiten momentos en los que te levantas con el pie izquierdo. Cada esfuerzo es un fracaso. Tu disciplina no funciona. Las normas a la hora de dormir se quebrantan una vez más. Tu hija mayor tiene problemas de acoso, y resulta que es *ella* la que intimida. Otro de tus hijos no hace la tarea escolar. ¿Cómo puedes estar agradecida cuando tu vida hogareña parece fuera de control?

No esperes un momento más idílico en la crianza de tus hijos para tomarte una vitamina G. La gratitud es tu arma secreta para inmunizar tu corazón contra problemas, peleas, embrollos y preocupaciones. Si eres capaz de ver algo bueno en el presente y dar gracias por ello, cambiarás la ansiedad por paz, la necedad por sabiduría, la miopía por visión.

El versículo del inicio de la lectura de hoy tiene que ver con dar gracias al Señor por su bondad y sus obras maravillosas en los versículos 15, 21 y 31 del Salmo 107. Esa repetición nos insta a no olvidar. Es muy fácil darlo todo por sentado o subestimar una cama caliente y olvidar cómo Dios ha provisto en el pasado para nuestra familia.

Puedes comenzar agradeciendo simplemente el *ser* madre. Mientras Noelle y yo lavábamos los platos, le hablé de nuestra lucha contra la infertilidad. Pregunté: "¿Sabías que papá y yo tuvimos dificultades para concebir hijos?". Ella no lo sabía, así que le conté cómo durante mucho tiempo yo no logré quedar embarazada. Tuve que pasar por una cirugía para que extirparan un fibroma del útero, y entonces el Señor nos dio a Ethan. Tristemente, aquel embarazo fue seguido por un aborto involuntario a las veintiséis semanas, pero un año más tarde vino Noelle. Luego tuve otro aborto involuntario y finalmente llegó nuestra última hija, Lucy.

Estoy segura de que muchas de mis lectoras han experimentado un aborto involuntario u otra tristeza en el camino hacia la maternidad. Si pones continuamente el énfasis en las desilusiones de tu maternidad, encontrarás naturalmente mucho de qué quejarte. Tu vida se llenará de amargura y tristeza. Pero si resaltas de manera constante la fidelidad de Dios, abres la puerta para que el amor, la alegría y la paz del Señor fluyan a través de tu vida. Es una sólida motivación para escoger la gratitud tanto en las cosas grandes como en las pequeñas.

El Tren de la Gratitud

Un verano estábamos visitando el Museo de Guerra de Virginia cuando Ethan exclamó: "Mira mamá, ¡es el Tren de la Gratitud! Fue donado por los franceses a los Estados Unidos, lleno de regalos, en agradecimiento por la ayuda prestada tras la Segunda Guerra Mundial".

Resulta que mi joven hijo, aficionado a la historia, había leído al respecto en una revista. El Tren de la Gratitud, o *Merci Train*, era un tren de cuarenta y nueve vagones ferroviarios llenos de decenas de millares de regalos para agradecer los más de setecientos vagones americanos de ayuda humanitaria enviados principalmente por los estadounidenses, de forma individual, en 1947. Cada uno de los cuarenta y ocho estados recibió en aquel tiempo uno de los vagones, y el número cuarenta y nueve fue compartido por Washington DC y el Territorio de Hawái.

Allí de pie, contemplando el Tren de la Gratitud junto a Ethan, me di cuenta de lo hermoso que sería tener un hogar por el que pasara incesantemente un tren de la gratitud. Un flujo constante de gratitud entre cónyuges, entre padres e hijos, entre hermanos (¿no sería maravilloso?), y entre nosotros y Dios.

Sin embargo, debo admitir que, en medio de los interminables gritos de "¡Mamá, ven!" y "Mamá, ¡te necesito!", me apetece más refunfuñar por la senda de la vida que dar gracias. Me siento abrumada e irritada en lugar de abrumada y agradecida. La maternidad consiste, sin duda, en servir a pequeñas personas con grandes necesidades. La Biblia describe cuál debe ser nuestra actitud cuando trabajamos en nuestros hogares. En 1 Pedro 4:9-10 leemos: "Hospedaos los unos a los otros sin murmuraciones. Cada uno según el don que ha recibido, minístrelo a los otros, como buenos administradores de la multiforme gracia de Dios".

En el lenguaje de las madres, eso significa verter leche con una sonrisa. Lavar ropa sin quejarse. Hacer que tus hijos se sientan seguros en casa y disfrutar de su compañía. No quejarte mientras sirves o acumulas puntos en tu mente sobre la gran madre que eres. Destierra la mentalidad de madre mártir. Comprende que tu hospitalidad es tu servicio razonable a Dios y tu familia. El Señor derramará gozo en ti a medida que seas buena administradora de los muchos dones que te ha obsequiado.

Adquiere el hábito de encontrar cosas, a lo largo de tu día, por las que estar agradecida. Busca evidencias de la mano de Dios en tu familia. Observa lo grande y lo pequeño con acción de gracias y los ojos bien abiertos por el asombro. Recupera ese agradecimiento que inundó todo tu ser cuando sostuviste a tu recién nacido sobre tu pecho. Ahora, ese recién nacido podría haberse convertido en una máquina de comer de un metro sesenta de alto, que solo te dirige dos palabras al día. No obstante, aún puedes dar gracias por algo.

Una noche, Ethan y yo jugábamos *Yahtzee*. La suerte estaba de su lado, porque él había conseguido no uno, sino dos *Yahtzees* [la misma numeración en los cinco dados], una escalera pequeña, una escalera grande, y todos los puntos de bonificación posibles de conseguir. Se sentía muy emocionado por dominar el juego y lanzar exactamente lo que necesitaba vez tras vez. Cuando el juego hubo acabado, no dejaba de exclamar: "¡Esto es sencillamente insuperable! ¡Esto es sencillamente insuperable!".

Grabé ese momento de alegría en mi mente. ¿Y si, como madres, pudiéramos ir por la vida pensando constantemente: *¡Esto es sencillamente insuperable! ¡He logrado ser madre de estos niños! ¡He conseguido casarme con este hombre! ¡Vivo en esta ciudad! ¡Formo parte de este grupo de madres!* ¡Prefiero vivir diciendo "He logrado…" y no "Tengo que…"!

Sé que no puedes obtener un Yahtzee cada vez que juegas. Algunos días no hay ni un suceso que merezca un signo de exclamación. Pero como declara Benjamín Franklin: "La felicidad humana no se produce tanto por grandes muestras de buena suerte que rara vez suceden, sino por pequeñas ventajas que ocurren todos los días".[17]

Cuando tomas suficiente vitamina G en tu dieta, esa actitud de agradecimiento cambiará tu perspectiva de manera radical. De repente volverás a sonreír. El Tren de la Gratitud recorrerá tu hogar de forma constante según lo programado, cambiando a mejor a todos los que viven allí.

Inyección de energía para hoy

Escribe cinco aspectos específicos por los que estás agradecida respecto a tus hijos:

1. _____

2. _____

3. _____

4. _____

5. _____

Oración de hoy

Como afirma una y otra vez el Salmo 107, te agradezco Señor porque eres bueno y para siempre es tu misericordia. Apagas la sed del sediento y sacias con lo mejor al hambriento. Te damos gracias por tu bondad y por tus maravillosas obras para con los hijos de los hombres.

---

17. www.brainyquote.com/quotes/quotes/b/benjaminfr165455.html (consultado el 20 de febrero, 2015).

Día 6

Miedo, ira, tensión nerviosa, ¡oh cielos!

Mira, oh Jehová, estoy atribulada, mis entrañas
hierven. Mi corazón se trastorna dentro de mí.

LAMENTACIONES 1:20

James y yo asistíamos a la Universidad Financial Peace de Dave Ramsey cuando se produjo un suceso no tan pacífico. Al salir del baño, leí un letrero que decía: "Si no estás usando las luces, apágalas, por favor". Pensé que estaba sola, así que accioné el interruptor. Antes que la puerta se cerrara detrás de mí, escuché un grito lleno de terror desde el interior del baño. Parecía el de una niña pequeña.

A toda prisa volví a entrar y encendí la luz. "Lo siento mucho —le hablé al cubículo al parecer ocupado—. No sabía que estabas ahí". Pensé por un instante en el grito de esa niñita. Aquella sensación de temor tardó en desaparecer.

¿Hay aspectos de la maternidad que te asustan hasta paralizarte? Tal vez rabietas de niños, enseñarlos a usar el baño, novios, novias y pagar la universidad. Muchas cosas le producen temor a una madre. Puedes preocuparte por el futuro lejano, o por lo que sucederá en los próximos minutos. Tal vez te angusties por las tareas escolares, las amistades cuestionables y el peligro de los extraños.

Muchas hipótesis que tenemos como madres no están realmente motivadas por ningún peligro evidente o presente. Las inventamos en nuestra mente, como aquella ocasión en que imaginé que secuestraban a mis hijos mientras daban un corto paseo alrededor de la manzana. El miedo puede confundir tu pensamiento, impedir que uses tus dones y engañarte para quitarte la paz. Dios sabe que todos luchamos contra el miedo. Tal vez por ello, la Biblia nos dice más de trescientas veces que no temamos. Es más, "No temas" es la orden que se repite con mayor frecuencia en las Escrituras.[18]

---

18. David Jeremiah, *¿A qué le tienes miedo?* (Carol Stream, IL: Tyndale House Publishers, 2014), xii.

Podemos temer a las inevitables frustraciones de la vida familiar. Tu hijo podría no formar parte del equipo de baloncesto. Tu esposo podría ser despedido del trabajo. Las "amigas para siempre" de tu hija podrían encontrar otras "amigas para siempre". Karol Ladd me habló de su amiga que tiene cinco hijos, cuatro de los cuales son varones. Cuando ella reconoció que la vida no iba a ser perfecta y que no siempre resultaría como había planeado, empezó a decirse a sí misma: "Bueno". Esta se convirtió en su frase de referencia. En lugar de sucumbir al temor o a la frustración, la mujer afrontaba su realidad diaria. Se preparó para ser flexible y responder con un "Bueno" en vez de "¡Oh, no!". Karol comenta:

Tenemos que reconocer que la vida no es perfecta. Las personas tampoco lo son. Creo que una mamá saludable y feliz tiene que quitar de la pared ese cuadro de perfección y tirarlo a la basura. Sí; queremos luchar por la excelencia y hacer bien las cosas, pero la vida no consiste en tenerlo todo bajo control. Es necesario que estemos de acuerdo con esto. Con frecuencia queremos las cosas perfectas, porque queremos seguridad y control. Podemos hacer nuestros planes, pero los resultados finales dependen de Dios. Una mamá feliz es aquella que tiene su mirada en un Dios perfecto. Confía en Él y se relaja.[19]

Sé parte del 15%

Sin embargo, ¡puede ser tan difícil para nosotras confiar en Dios y relajarnos! El doctor Arnie Cole, director general de *Back to the Bible* y autor de *Unstuck* [Despega], encuestó a más de setenta mil cristianos en Estados Unidos. ¿Puedes creer que el 85% de los encuestados confesaron que fueron derrotados por la tentación y por problemas serios de la vida, y esto les hizo luchar solos y renunciar espiritualmente?[20] Vaya, 85% es una mayoría abrumadora. Mi conjetura es que 85% de quienes leen este libro pueden saber cómo es sentirse derrotadas a veces. Tú podrías estar atrapada por el miedo, la ira, la impaciencia o la ansiedad.

La buena noticia es que puedes llegar a ser como el 15% de los encuestados que no estaban viviendo en derrota. Con una acción deliberada

---

19. Entrevista con Karol Ladd.

20. Transmisión de Focus on the Family: "Helping Your Family Thrive Spiritually (Part 1)", fecha de emisión, 20 de agosto, 2014, www.focusonthefamily.com/media/focus-on-the-family -daily-international/helpingyour-family-thrive-spiritually-pt1 (consultado el 27 de agosto, 2014).

puedes erradicar patrones negativos de tu vida y reemplazarlos con pensamientos y comportamientos más positivos. Karol Ladd nos recuerda que cuando quieres eliminar algo de tu vida tienes que llegar a la raíz del problema.

> Pregúntate: ¿Por qué tengo tanta tendencia a la ira o a la amargura? ¿Cuáles son los detonantes que me están haciendo desbordar? Pide a Dios que te muestre cómo arrancar las malas hierbas de tu vida. Es importante reconocer que por cada cualidad negativa hay otra positiva que puede reemplazarla. Memoriza versículos que edifiquen esa verdad en tu vida. En lugar de ceder a la frustración, la desesperación y la ira, puedes aprender a levantar la mirada y decir: "¿Qué querrá el Señor que yo haga en esta situación?".

Toda madre experimentará ira. Tu tiempo no es tuyo cuando tus hijos son jóvenes. Hay exigencias interminables y personas pequeñas que tiran de tu camisa y te pisan. Es la receta exacta para que se produzca un poco de ira. Karol tiene una fórmula práctica para controlar la ira, usando el acróstico STOP.

S: Sepárate de la situación. Cuando sientas que vas a explotar, aléjate de la situación. Entra en otra habitación si puedes. Si estás en el auto o en la tienda, piensa en un lugar diferente en tu mente. Yo (Arlene) sugiero Hawái.

T: Toma varias bocanadas profundas de aire fresco. Las inhalaciones profundas relajan físicamente el cuerpo y les proporcionan un momento a las emociones para que se tranquilicen.

O: Objetivamente, considera la situación. A menudo, cuando estás a punto de perder los estribos, es porque algo lo ha provocado. Tu adrenalina empieza a bombear y no puedes pensar con mucha claridad. Quizás estés enojada por tu cuadro hormonal o porque tienes hambre; o quizás tu esposo te hizo enfadar antes. Tal vez estés enojada por razones que nada tienen que ver con tus hijos.

P: Pide en oración a tu Padre celestial. Reconoce que tienes al Espíritu Santo para evitar que peques por ira. Cuando sientas que no tienes suficiente dominio propio, puedes mirar hacia Dios y pedirle que te conceda gracia y paz.[21]

---

21. Entrevista con Karol Ladd.

La próxima vez que sientas que la ira brota dentro de ti, usa el acróstico STOP con estos cuatro principios para calmarte. Tus conflictos se suavizarán sin lugar a duda con menos gritos y más gracia.

Participa en comunidad

Si eres una persona introvertida, extrovertida o una mezcla intermedia como yo, debes participar en algún tipo de comunidad. La maternidad puede ser una profesión solitaria. Conozco a muchas mujeres que salieron de la fuerza laboral para convertirse en mamás, solo para toparse con días extrañamente solitarios. Cuando conozcas a una nueva mamá, toma un momento para hacerle algunas preguntas. Podrías ser el puente entre esa mamá solitaria y otra mujer que tal vez tenga intereses comunes.

Hace poco me encontraba en una fiesta de cumpleaños de uno de los compañeros de clase de mi hijo. Una mujer bien vestida se me acercó y me dijo: "No sé si me recuerdas, pero te conocí hace algunos años en la biblioteca. Me hablaste acerca de un grupo de mamás. Quiero que sepas que me uní al grupo, y esto marcó una enorme diferencia para mí, y deseo agradecértelo". Me alegré de haber hecho el esfuerzo de hablar con ella durante un tiempo de lectura "Mamá y yo".

Abrazar a una amiga o reír a carcajadas con alguien es una manera natural de combatir la tensión nerviosa y la ansiedad. Los medios sociales pueden satisfacer, hasta cierto punto, una necesidad de relación en nuestras vidas, pero no pueden reemplazar el reunirse físicamente con otras mamás que entienden nuestra vida. Laura Petherbridge, coautora de *The Smart Stepmom* [La madrastra inteligente], ofrece este consejo:

> Una de las cosas más alentadoras que puedo decirle a una madrastra que se siente fracasada o totalmente decepcionada es que Dios nos creó para estar en comunidad, con personas en circunstancias similares. No puedo animar lo suficiente a una madrastra a que entre en algún grupo o evento con otras madrastras que entiendan su dolor y su pérdida. En los retiros de madrastras que dirijo, lo que más me dicen las madres es: "Por fin siento que ya no estoy sola, que no soy la madrastra malvada. Ahora tengo una o dos hermanas que lo entienden. Cuando ellas están arriba, pueden ayudarme, y viceversa". No se trata de conmiseración; tampoco de atacar a la madre biológica o a los hijastros, sino de llevarse bien con un grupo fuerte de madrastras que quieren que sus matrimonios sean

fuertes y florecientes, y que se animen entre sí. Nada de lo que he descubierto ocupa el lugar de esto.[22]

El consejo de Laura acerca de estar en comunidad con madres afines es la pura verdad, seas una madrastra o no. Y a la hora de hacer amigas, recuerda el consejo de Dale Carnegie: "Puedes ganar más amigos en dos meses interesándote en los demás, que los que ganarías en dos años tratando de que los demás se interesen en ti".[23]

Encontré esta lista de "Diez tónicos espirituales" de Abraham Feinberg. Creo que es una lista maravillosamente sencilla que resume cómo podemos experimentar la salud emocional:

1. Deja de preocuparte. La preocupación mata la vida.

2. Empieza cada día con una oración. Esto armará a tu alma.

3. Controla el apetito. Los excesos obstruyen el cuerpo y la mente.

4. Acepta tus limitaciones.

5. No envidies. La envidia te hace desperdiciar tiempo y energía.

6. Ten fe en las personas. El cinismo deteriora la disposición.

7. Encuentra un pasatiempo. Esto relajará tus nervios.

8. Lee un libro por semana para estimular la imaginación y expandir tu forma de ver las cosas.

9. Pasa algún tiempo a solas por la paz de la soledad y el silencio.

10. Trata de querer lo que tienes, en lugar de gastar tus fuerzas tratando de obtener lo que quieres.[24]

Cuanto más practiques estas disciplinas, menos espacio habrá para estar temerosa, enojada o nerviosa. Sé parte de ese 15% que disfruta de salud y de vitalidad espiritual. Al considerar el futuro de tu familia, recuerda el mandato más alentador en la Palabra de Dios: ¡No temas!

---

22. Entrevista con Laura Petherbridge.

23. www.quotationspage.com/quote/2673.html (consultado el 20 de enero, 2015).

24. www.churchleaders.com/outreach-missions/outreach-missions-blogs/156530-scott_williams_10_spiritual_tonics.html (consultado el 10 de diciembre, 2014).

Inyección de energía para hoy

Lee Salmos 91:5-7 en voz alta y personalízalo:

No temeré el terror nocturno, ni saeta que vuele de día, ni pestilencia que ande en oscuridad, ni mortandad que en medio del día destruya. Caerán a mi lado mil, y diez mil a mi diestra; mas a mí no llegará.

Oración de hoy

Gracias Señor por ser mi refugio y mi fortaleza. Tú eres mi Dios y pongo mi confianza en ti. Sé que me liberarás de mis temores, de mi ira y de mi tensión nerviosa. Lléname hoy con tu paz.

Día 7

Aviva la llama en tu matrimonio

¡Oh, si él me besara con besos de su boca! Porque
mejores son tus amores que el vino.

CANTARES 1:2

Aunque es más común que las madres intercambien recetas que consejos románticos, las realidades de la vida incluyen las relaciones sexuales, incluso para mamás atareadas. Es fácil barrer bajo la alfombra nuestros deseos sexuales. ¡Hay tantas otras cosas urgentes que aspirar primero! Para el total deleite de James, encontré a mi propia experta en amor mientras hablaba en una conferencia en Nueva Inglaterra. La doctora Jennifer Degler no solo es psicóloga clínica y escritora, sino la fundadora de CWIVES, siglas en inglés para "Christian Wives Initiating, Valuing and Enjoying Sex" [Esposas cristianas que toman la iniciativa, valoran y disfrutan el sexo]. Es un buen acróstico en inglés. Jennifer afirma que cuando el resplandor de la luna de miel se desvanece y se acumulan las facturas y los hijos, no es muy frecuente que tomemos la iniciativa en la relación sexual, si es que alguna vez lo hacemos. Podemos volvernos vagas sexuales al no realizar algo bendecido que hace vibrar nuestro matrimonio.

Escucha a tu cuerpo

Imagina cómo sería pasar tres días sin comer. Esperarías con ansias la próxima comida. Tu necesidad de alimento se volvería primordial en tu mente. Para muchos esposos el apetito sexual funciona así. Cuando tu hombre lleve setenta y dos horas sin sexo, estará pensando en ello cada momento. Siendo una amante total puedes ayudarle a mantener puros sus pensamientos. Sé que algunas lectoras estarán pensando: *Fabuloso, ¿pero y yo? ¿Por qué todo gira siempre en torno a él?* Me alegra que lo preguntes. Esto es lo que Jennifer afirma al respecto:

> Si una mujer piensa que lo está haciendo por él, esa actitud acabará provocando su falta de interés total por el sexo. Tienes

que entender que el sexo también es bueno para ti. Y siendo así, lo será para ambos cónyuges, no solo para él. Muchas veces, separamos el ser mamá y esposa de ser personas sexuales. Los niños nos absorben toda la emoción. Alguien está siempre colgado a ti necesitándote. De modo que te alejas de tu cuerpo y de tus sentidos. El sexo se convierte en una cosa más en la parte inferior de tu lista de tareas pendientes.

Si tienes edad suficiente, recordarás el anuncio de la exitosa campaña de la década de los ochenta: *Leche. Le hace bien al cuerpo.* Las mamás serían sabias si ajustaran esta frase y pensaran: *Relaciones sexuales. Le hacen bien al cuerpo.*

Podemos pensar en la testosterona como en una hormona masculina, que lo es, pero no se trata tan solo de la hormona del deseo. También produce una sensación de bienestar. Los hombres tienen unos niveles de testosterona superiores al de las mujeres, pero nosotras también la tenemos. Se repone con el sueño y se refuerza con la intimidad física. Cuando incrementas tu actividad sexual con tu esposo, también aumentas la sensación de bienestar en tu propio cuerpo. ¿Sabías que las relaciones sexuales actúan como analgésico y antidepresivo natural por las endorfinas liberadas?

Tras noventa segundos tocando a tu hombre, empieza a fluir la oxitocina en tu cerebro. Es la hormona de unión experimentada con tu bebé. También funciona para unir al esposo y la esposa. Cuanta más oxitocina, más se gustan mutuamente y fomentan buenos deseos entre sí. Cuando tienes un orgasmo, es una fuente de oxitocina. La doctora Degler dice que la oxitocina es el pegamento que mantiene juntos a los esposos.

Los sentimientos mutuos aumentarán y menguarán. Habrá días en que estarás loca por tu hombre, y otros días en que a duras penas lo tolerarás. Los momentos regulares de intimidad avivarán los fuegos del amor y, en pocas palabras, ayudarán a que esposo y esposa se gusten mutuamente más y más.

Por tanto, ¿cómo prepara su cuerpo la mamá atareada y carente de emoción, para unas relaciones sexuales más significativas y divertidas? Jennifer tiene este consejo sobre cómo volver a encontrarte con tus sentidos:

La mayor parte del tiempo sencillamente intentamos llegar hasta la cena. Olvídate de comértela caliente. En realidad no saboreamos ni olemos, ni valoramos lo que nuestros ojos ven, ya que puede llegar a ser una sobrecarga sensorial para unas mamás con hijos colgados a ella todo el día. Como madres hemos excluido algunos sentidos (todo eso de tocar y los aromas divertidos), y tenemos que imaginar la manera de despertar esos sentidos de esposa sensual. Tómate un tiempo de transición para volver a conectarte con tus cinco sentidos. Cuando estés en la ducha, ponte el gel de baño en el cuerpo. ¿A qué huele? ¿Cómo se siente? Pon música romántica; de lo contrario estarás pensando en otra cosa.

Romanticismo a lo largo de los años

Cuando tus hijos son jóvenes, quizás no consigas dormir toda la noche. Estás exhausta y constantemente cubierta por el desorden de otro. Sin embargo, entre los retos de la época de las bolsas de pañales, me gusta decirles a mis grupos de madres de preescolares que tengan relaciones sexuales ahora que sus hijos no tienen ni idea de lo que ellas están haciendo. Si tu hijo se despierta temprano de una siesta, y tú estás teniendo lo que James llama "tiempo de papá y mamá" tras una puerta cerrada, esto no les causa ningún daño. El pequeño tocará a tu puerta sin idea de lo que pasa adentro. Pero a medida que tus hijos crecen, ¡empezarán a preguntar! Jennifer declara:

En cada etapa con tus hijos existen retos sexualmente distintos para las mujeres. La vida familiar está en constante cambio y movimiento, y eso significa que la forma en que la vida sexual funciona también cambia y está en movimiento. Tienes que adaptarte. Con bebés, estás inmersa en la lactancia. Luego, en la edad escolar se sube un peldaño. Los años dorados de la escuela primaria son un tiempo repleto de actividades. Durante los años de la adolescencia piensas: *¿Nos escucharán nuestros hijos?*

Recuerdo cuando estábamos recién casados y podíamos tener relaciones sexuales en el sofá. ¡Eso sin duda dejaría marcas hoy en nuestros hijos! Es importante que las parejas adapten su vida sexual a medida que sus hijos cambian. Programa tiempo regular para tener sexo para que puedas hacer algo aparte de ser madre. El sexo es femenino. Es cosa de adultos. Puedes perderte en un mundo de madre si todo en la vida solo tiene que ver con tus hijos.[25]

---

25. Entrevista personal con la doctora Jennifer Degler, 17 de noviembre, 2014.

He aquí algunas sugerencias para tener más romance a lo largo del tiempo:

Una noche especial de cine: Cuando tus hijos son pequeños, no les dejes ver mucha televisión. La noche de película se convertirá en un acontecimiento importante. Reserva un video especial para tus hijos, y mientras ellos lo ven ustedes pueden jugar.

Escapen sigilosamente: Si tus hijos están en la escuela o tomando una siesta durante el día, ¿puede tu esposo venir a almorzar a casa? El mediodía es un tiempo mucho mejor que la medianoche para que una mamá tenga energía para el sexo.

Contratar una niñera: Si es posible, haz que la niñera salga con los niños, y ustedes se quedan en casa. A menudo, después de una salida nocturna, estás demasiado cansada para ser sexual. Pero es un placer quedarse en casa sin los niños. Puedes hacer que la niñera lleve a tus hijos al parque o incluso a su casa si conoces bien a su familia.

Aprovechar la fiesta de pijamas: Si uno de tus hijos está invitado a una fiesta de pijamas, busca una manera para que los demás también vayan a alguna parte. Es una gran noche para que tus otros hijos vayan a casa de los abuelos, de una tía o de buenos amigos a fin de que puedas estar a solas en casa con tu marido.

Celebrar una luna de miel cada año: Ya sea en avión o a quince minutos en auto, escápense para disfrutar de un tiempo romántico sin que nadie aparezca. Regístrense en el hotel lo más temprano posible y quédense hasta que el personal de recepción les permita.

En su libro *52 Things Husbands Need from Their Wives* [52 cosas que los esposos necesitan de sus esposas], Jay Payleitner escribe:

> Como no podemos contar con Hollywood, con los medios de comunicación o con los minoristas, nos toca a nosotros encargarnos de recuperar el romance para esposos y esposas en todas partes, y de mantenerlo en alto para que todo el mundo lo vea. Este es mi plan para hacer que el matrimonio vuelva a ser sexy. ¿Y si todas las parejas casadas comprometidas

que conocemos comenzaran a tomarse de la mano cuando pasean por el vecindario? ¿O a decirse hola y adiós con un beso, incluso en público? ¿Qué pensarían nuestros hijos si papá y mamá se dieran un largo y agradable besuqueo en la cocina? El objetivo sería arrancar la exclamación de tu hijo en tercer grado: "¡Uuug!" o que tu adolescente diga: "Consigan una habitación".[26]

Mamás, es hora de conseguir una habitación. Según escribí en *31 Days to a Happy Husband* [31 días para hacer feliz a tu marido], con que solo te tomes de cinco a treinta segundos al día para darle a tu esposo una dosis saludable de besos, mantendrás el piloto encendido entre ustedes. Recuérdale que cada beso no es una señal de "¡vamos!", sino que quieres estar conectada para tener más de lo que la escritora Pam Farrel denomina *Monogamia al rojo vivo*. Aviva el fuego, mamá, porque ese fuego no solo es bueno para él. También lo es para ti.

⁓⁓⁓ Inyección de energía para hoy ⁓⁓⁓

Respira hondo y cierra los ojos. Visualiza la última vez que disfrutaste haciendo el amor con tu esposo. Sonríe mientras esperas volver a tener intimidad en los próximos días.

⁓⁓⁓ Oración de hoy ⁓⁓⁓

Señor, muéstrame cualquier cosa que me esté impidiendo disfrutar de una extraordinaria vida sexual con mi esposo. Muéstrame el valor de la intimidad y ayúdame a encontrar tiempo para estar con mi amado. Dame un amor por mi esposo que sea como un fuego. Llena mi cuerpo con la pasión de sentirme viva y amada físicamente por mi esposo.

---

26. Jay Payleitner, *52 Things Husbands Need from Their Wives* (Eugene, OR: Harvest House Publishers, 2013), p. 96.

ToniFicada

OriEntada en la acción

L

I

Z

Día 8

No me hagas contar hasta cien

El que tiene en poco la disciplina menosprecia su alma;
mas el que escucha la corrección tiene entendimiento.

PROVERBIOS 15:32

¿Recuerdas el batido que se le cayó a Fern Nichols y se derramó en la acera? Mi pequeña Lucy de cinco años solo desearía que fuera así de fácil deshacerse de su batido verde.

Cada mañana, James hace batidos de varias frutas y espinacas. Cinco vasos grandes de deliciosa bondad verde. James, Ethan y yo empezamos a beberlo (en realidad sabe muy bien), pero las niñas se toman su tiempo con el batido, especialmente Lucy. Ellas se ríen y charlan en la mesa como si no tuvieran ninguna preocupación en el mundo. ¡Esto me vuelve loca!

"¿Por qué tengo que decirles una y otra vez que se beban sus batidos?" —exclamo por enésima vez, con la voz y la presión arterial en aumento.

¿Has experimentado eso antes, mamá? Te has quedado mirando incrédula cuando tu hijo comete la misma equivocación por centésima vez. Ruges: "¿Cuántas veces tengo que decirte que...?". A pesar de lo mucho que deseas mantener la calma, la pierdes... otra vez. Los niños tienen una increíble capacidad de hacer estallar y pisotear hasta tu último nervio.

Pero no te desanimes. Las batallas no las gana quien más alto grita ni quien derrama la mayor cantidad de lágrimas. Vence la madre inteligente que no disciplina con explicaciones sin fin, sino con la acción. La mamá feliz se erige como líder, no como negociadora, intimidadora o la sobornadora. Se dedica a lo que el psicólogo John Rosemond llama discurso alfa. Ponte derecha cuando le das instrucciones a tu hijo y usa tan pocas palabras como sea posible. No te inclines hasta "ponerte al nivel de tu hijo", como hemos sido programadas en nuestro papel de madre. Cuando te muestras como líder, tu hijo y tu hija (finalmente) captan el mensaje fuerte y claro.

Menos charla, menos tono

Dannah Gresh estaba creando la receta del desastre. Se disponía a viajar por carretera para ministrar a un grupo de mamás y llevaba a toda la familia consigo. Sus hijos no estaban participando en el proceso de colocar el equipaje en el auto. Dannah cuenta:

> Recuerdo haber tenido un arranque de ira, y ponerme a gritar. Yo no estaba ofreciendo cuidado maternal ni disciplinando. Me hallaba fuera de control. Al final de mi perorata, grité: "Voy a contar hasta cien, y más les vale empezar a ayudar". Mis hijos soltaron la carcajada.
>
> De alguna manera, y por lo ridículo de mis palabras que nos hicieron reír a todos, comprendí que era mi momento de hacer ajustes. "Lo siento, estaba fuera de control. Les pido perdón. ¿Pueden ayudarme, por favor?".[1]

Es probable que hayas usado la advertencia: "Mamá va a contar hasta tres…", o quizás hayas contado hasta cien como Dannah (sus hijos siguen burlándose hoy de ella por ese incidente). Podemos amenazar, advertir, suplicar, halagar y gritar hasta que el rostro se nos ponga rojo y nos sintamos a punto de explotar. Podemos sermonear a nuestros hijos sobre las razones positivas y negativas de la vida. No obstante, ¿estoy comunicando eso con este palabrerío? ¿Produce hijos más obedientes nuestra escalada de tono y nuestra obsesión por explicarlo todo?

Así explica el doctor Kevin Leman en su libro *Cría hijos sensatos sin perder la cabeza*:

> Tus hijos ya saben lo que vas a decir. Y la mitad de las veces hasta pueden decirlo por ti: «No te retrases, perderás el autobús», «¡Cuidado, vas a sacarte un ojo», «No lo voy a repetir…». Pero, por supuesto, lo dices una y otra vez… y otra y otra.
>
> Tenemos siempre la tentación de enseñar con palabras. «Esta vez lo dejaré pasar. Pero que no suceda de nuevo». ¿Qué te parece más potente:, la frase «que no vuelva a suceder» o la acción de dejarlo pasar esta vez? La acción gana siempre.[2]

De regreso a mis niñas y sus batidos matutinos, comprendí que el tono y la repetición no me llevaban a ninguna parte ("Más les vale que beban ese batido o..."). Experimenté con distintas consecuencias y trabajé en mi sobresaliente discurso. Enviarlas afuera solas hasta que terminaran de tomar el batido no funcionó muy bien (siguieron siendo tan lentas como siempre), pero tener que reemplazar un lindo atuendo funcionó de maravilla para Noelle.

Lucy ha sido un hueso duro de roer. Darle el batido en el almuerzo, o incluso servirle verduras todo el día pareció no perturbarla. Sin embargo, como fui constante con algún tipo de consecuencia para su batido sin terminar, la cosa ha ido mucho mejor. Con orgullo nos muestra su vaso vacío en las raras ocasiones en que le gana a su hermana.

Los niños pequeños no son los únicos lentos en responder a nuestras instrucciones. Gwen Smith tiene una casa llena de adolescentes. Ahora que el mayor conduce, ella ya no es responsable del recorrido matutino a la escuela. Pero un día, al consultar el reloj, vio que sus hijos iban a llegar tarde al colegio.

—Con el tráfico, ya deberías haberte ido —advirtió Gwen.

—Mamá, vamos bien. Todo está controlado —contestó su hijo.

Todavía se estaban comiendo sus tazones de cereales y tenían que cepillarse los dientes. No se apuraron lo más mínimo después del comentario de su madre. Como mujer que admitía tener un tono chillón, Gwen luchó con el deseo de gritar: "¡Van a llegar tarde! ¡El tráfico estará horrible!". En lugar de eso, les dio un sencillo ultimátum:

—O están ustedes ahora mismo en la puerta o dejan aquí sus teléfonos.

Adivina qué pasó. Los muchachos salieron.[3] Los gritos y los despotriques los habría obligado probablemente a dejar sus tazones de cereales, pero la consecuencia de ir a la escuela sin teléfono... ¡Vaya! ¡Eso sí que hace reaccionar a un adolescente!

El dólar mágico

Cuando pregunté a las mamás qué las hacía infelices, recibí respuestas como: "Detesto tener que repetir las cosas una y otra vez". "Constantemente estoy gritándoles a mis hijos por las 'tareas olvidadas'". "Mis hijos no hacen lo que les pido. Inventan excusas y discuten conmigo sobre cosas que deberían hacer todos los días". Desde luego que puedo

---

3. Entrevista con Gwen Smith.

identificarme con esas frustraciones. James y yo les insistíamos a cada instante a los niños: "Cuelguen sus mochilas en el armario". "Pongan sus platos en el fregadero". "Por favor, ayuden a poner la mesa". Mi esposo estaba cansado de los constantes reproches sobre los deberes básicos de la casa, y comenzó a proponer ideas respecto a la solución. ¡Aprendan mamás! El chiflado plan que James ideó funcionó a las mil maravillas, y todo comenzó con un dólar.

James se crió en un hogar italiano donde ganaba quien más gritara. Él no quería gritar ni enfadarse al disciplinar a los niños. Estaba buscando una disciplina no emocional y basada en la realidad que captara la atención de ellos. Una tarde convocó una reunión familiar y anunció una nueva regla en el hogar Pellicane:

> Si tengo que pedirles que hagan algo en la casa que sea necesario hacerse, como poner la mesa, descargar el lavavajillas, guardar los platos o poner sus zapatos en el armario, tendrán que darme un dólar. Son tareas razonables que yo no debería recordarles. Si tu hermano o hermana hace una tarea por ti, porque a ti te dio pereza, tendrás que pagarle un dólar a él o a ella. La paga del pecado en la casa Pellicane es un dólar.
>
> Esto funciona en ambos sentidos. Cuando hagan cosas una y otra vez, como ofrecerse a lavar todos los platos después de la comida o ayudar a su hermano con la tarea sin que se les pida, conseguirán un dólar.

Poco después llegó la hora de cenar. Nadie vino a ayudarme a poner la mesa. Quedaba todavía una mochila en el pasillo. En la cocina había platos limpios que debían guardarse. James llamó a los niños a la planta baja.

—Muy bien, cada uno de ustedes me debe un dólar —les comunicó. Deberías haber oído el llanto y el crujir de dientes que siguió.

—¡No sabíamos que esto ya había empezado! —protestaron.

—¡No es justo! —gimotearon.

Uno de ellos se puso a llorar.

Yo seguía intentando determinar si mi esposo era un genio o un demente. Al instante pensé en esa escena de comedor en *Sonrisas y lágrimas* [o *La novicia rebelde,* en algunos países] en que María llega primero y hace que todos los niños lloren. El capitán von Trapp declara: "Señorita, ¿tiene usted la intención de hacernos pasar por este raro y maravilloso mundo nuevo de… indigestión en todas las comidas o solo a la hora de la cena"? Me incliné hacia James y le hice la misma pregunta.

Sin duda fue un comienzo difícil; sin embargo, ¿sabes qué sucedió en los días siguientes? Dejé de sermonear por enésima vez sobre dónde debían estar las mochilas. Simplemente decía con calma: "Tráeme un dólar". Cuando los dólares empezaron a vaciarse de sus alcancías, los chicos mayores espabilaron rápidamente.

Comenzaron a descargar el lavavajillas. Ponían la mesa sin que se les pidiera. Colgaban sus mochilas y guardaban sus zapatos.

Yo estaba atónita por el cambio. ¿Habían cambiado mis hijos de comportamiento, porque eran niños angelicales, amables y responsables? No; lo hicieron, porque no querían arruinarse. Es mucho más divertido ganar dinero que perderlo. Tenemos un cajón del escritorio lleno de billetes de un dólar.

Los chicos saben depositar su dólar cuando cometen una infracción y sacar un dólar cuando hay una recompensa. Esta circulación de dólares está obrando magia para la ética laboral en nuestra casa. En lugar de recibir una asignación semanal, nuestros hijos trabajan a comisión. Esto es lo que dice James sobre su dólar mágico:

> Lo maravilloso al respecto es que los chicos están tomando la iniciativa, y no los estamos molestando todo el tiempo. Ellos razonan: "Vaya, si no me apuro y busco algo que hacer, me va a costar algo de dinero". Me gusta el espíritu de iniciativa que se está produciendo en los niños; es simplemente fantástico. A cualquier jefe le encantaría ver este tipo de iniciativa en sus trabajadores. A veces mis hijos reciben un dólar de recompensa por su buen trabajo, y otras veces el dólar se cae de su bolsillo si no lo hacen. Las cosas suceden como en el lugar de trabajo. En ocasiones se obtiene una bonificación, y en otras no. Quiero que mis hijos lleven sobre sus hombros la responsabilidad de sus tareas básicas, y que estas no recaigan sobre los míos ni los de Arlene.
>
> Cuando de niño se me olvidaba mi almuerzo, me quedaba sin almorzar. Mi mamá no iba a llevármelo. Muchos niños no tienen hoy ni idea de lo que es la responsabilidad, porque mamá les lleva el almuerzo a la escuela. Pero cuando un niño entiende que ella no está a su total disposición, es increíblemente saludable tanto para el niño como para la madre.

Demasiadas mamás se están consumiendo por hacer cosas que los niños deberían hacer por sí mismos.

Una mañana desperté y vi a mi hijo de diez años vestido y pelando naranjas para nuestro batido familiar, sin que nadie se lo pidiera. No puedo decir con cuánta satisfacción le dije: "¡Vaya, te estás ganando un dólar!". Ethan se ha convertido en una máquina de "¿cómo puedo ayudarte?", y rastreo los orígenes de su iniciativa hasta el bueno de George Washington. ¡Ese sí que es un dólar bien gastado!

Inyección de energía para hoy

En lugar de gritar o de disciplinar con el tono, ¿qué acción basada en la disciplina podría funcionar con tus hijos? ¿Podrías incorporar el dólar mágico de alguna manera?

Oración de hoy

Señor, te entrego mi boca. No quiero hostigar, gritar ni discutir hoy. Ayúdame a descubrir acciones que disciplinen con eficacia a mis hijos. Dame la sabiduría y el conocimiento que no poseo. Ayúdame a cumplir con las consecuencias sin ira ni malevolencia. Conviérteme en la líder que quieres que sea. Cambia mi comportamiento para que mis hijos estén mejor orientados a la obediencia.

Día 9

Prepárate para el próximo momento como madre

Todo tiene su tiempo, y todo lo que se quiere
debajo del cielo tiene su hora.

ECLESIASTÉS 3:1

He oído decir que los años de escuela primaria son los años dorados de ser padres. Tus hijos ya están entrenados para ir al baño y dormir toda la noche. Les caes bien.

Cuando Ethan estaba en segundo grado, a menudo él y Noelle iban a la escuela en bicicleta con James, así que yo rara vez los llevaba en auto. Pero atesoro en mi memoria una mañana en que dejé a los chicos. Ethan saltó del auto con la enorme mochila moviéndose de arriba abajo. Corrió como tres metros, y entonces se dio la vuelta y me miró, gritando a todo pulmón: "¡TE AMO!". Usando lenguaje de señas hizo la señal de "te amo" en cada mano. A eso lo llamamos amor doble. Me emocioné mucho. Allí mismo atesoré ese momento en que él exclamaba en medio de una multitud de sus compañeros, sin avergonzarse, y totalmente dedicado a su querida y vieja mamá. Yo sabía que en solo cinco años mi chico saldría del auto, se dirigiría hacia la secundaria, y no voltearía a mirar.

Pero eso está bien. Cada etapa de la infancia tiene una belleza y un deleite propios.

Una vez les pregunté a mis hijos: "Si pudieran ir a cualquier parte del mundo, ¿a dónde irían?". Lucy, que tenía dos años en ese tiempo, contestó: "LEGOLAND", que queda a menos de una hora de nuestra casa. Noelle quería ir a Disneylandia y Hawái. Ethan eligió Inglaterra, Italia y España. ¡Qué diferencia en los destinos de sus sueños! A medida que los chicos crecen, piensan más a lo grande (y más caro). Sus necesidades, deseos y sueños cambian con el tiempo y las etapas.

Todavía no me han tocado esos años de preadolescencia y adolescencia, pero he hablado con algunas buenas amigas que los han vivido. Estoy convencida de que si, como madre, nos tomamos el tiempo de aprender sobre la etapa de desarrollo a la que se acercan nuestros hijos, nuestro viaje de crianza será más tranquilo y feliz. No escuches al negativo de turno que afirma: "En esos libros no hay nada que pueda ayudarme. Los adolescentes serán adolescentes. No hay nada que puedas hacer al respecto". Esa es la mentalidad de "yo ya lo sabía" que le cierra a una madre la puerta de la sabiduría. En lugar de eso, inclínate y di: "Cuéntame más... quiero estar bien preparada para lo que está por venir".

El amor golpea

Mientras están en la escuela primaria, un hijo y una hija pueden participar en las mismas actividades. Ambos juegan al fútbol. Ambos hacen galletas de chocolate contigo. Pero a medida que crecen empiezan a orientarse más por el género. Los cambios hormonales harán que una hija llore fácilmente y que esté particularmente malhumorada una vez al mes. Pero no te equivoques; los chicos también tienen poderosas hormonas en acción. Se vuelven más agresivos y enérgicos.

Cuando el hijo de Dannah Gresh estaba en la secundaria, comenzó a golpearla.

—¿Qué le está pasando a nuestro hijo? —le preguntó ella a su esposo—. ¡Está muy violento!

—No nena, esos son golpes de amor —la tranquilizó él.

Por tanto, ¿qué debe hacer una mamá con estos comportamientos tan drásticamente distintos? Dannah comenta:

> Las madres debemos ser conscientes de que nuestro hijo se relacionará con nosotros de manera distinta. Mi hijo ya no se agarra a mí. Sus hormonas están descontroladas. Mi hija llora y mi hijo me da golpes. Mi esposo le explicó a Robbie que sería mejor que lo golpeara a él y no a mí. Redirigimos esa energía hacia aspectos como lanzar la pelota de baloncesto contra la puerta del garaje, que ahora presenta gran cantidad de abolladuras.[4]

Como tú, a Dannah le interesaba aprender a ser mejor madre a través de los años de preadolescencia y adolescencia. Estudió a líderes cristianos como James Dobson, Dennis y Barbara Rainey. Ellos afirman que los años de adolescencia son unos de los más difíciles y más escabrosos en

---

4. Entrevista con Dannah Gresh.

la vida de tu hijo, pero que pueden ser una de las mejores épocas si los padres desean convertirlos en buenos años.

La investigación de Dannah la llevó a preocuparse por convertirse en una madre que conecta. Las ciencias sociales demuestran que el principal reductor del abuso de sustancias, del pecado sexual, de la presión negativa de los compañeros y del fracaso académico es una estrecha relación entre padres e hijos. Los padres que pasan tiempo habitual relacionándose con sus adolescentes reducen de forma dramática el riesgo de comportamiento perjudicial.

Al saberlo, Dannah y su esposo Bob hicieron cosas específicas para relacionarse con sus hijos. Por ejemplo, todos los jueves por la noche Bob y Robbie iban a un restaurante y pedían un plato de alitas de pollo. Cada semana, tras la noche de alitas, Dannah y Bob mantenían una conversación que se desarrollaba más o menos así:

> Dannah: *¿De qué hablaron ustedes dos?*
> Bob: *De nada.*
> Dannah: *¡Estuvieron juntos durante dos horas! Debieron de hablar de algo. ¿No será que no quieres contármelo?*
> Bob: *No. En realidad no hablamos de nada en particular.*
> Dannah: *No es posible pasar dos horas juntos sin hablar.*
> Bob: *Sí. Así es. Eso fue sencillamente lo que hicimos.*[5]

Qué gran ejemplo para nosotras, mamás, que una relación estrecha con los hijos a menudo tenga poco que ver con hablar. Bob era y es un hombre ocupado, y estar esa noche de alitas con su hijo comunicaba: *Eres importante para mí. Por eso te apunto en el calendario como una cita no negociable.* Esa relación forjada sobre dulce y especiado no se romperá fácilmente.

La mamá que cambia

En la secundaria se produce un enorme cambio cuando una mamá se da cuenta: "Vaya, no tengo ya el control que solía tener". En la escuela primaria podemos ofrecernos como voluntarias para la sala de clases o en la escuela de nuestro hijo. Podemos organizar mucho de lo que sucede en ese mundo infantil. Conocemos las amistades de nuestro hijo y le dirigimos la programación. Pero cuando nuestros hijos se convierten en

---

5. Dannah Gresh, *Six Ways to Keep the "Good" in Your Boy* (Eugene, OR: Harvest House Publishers, 2012), p. 71.

adolescentes, se vuelven más independientes. Nuestra tarea consiste en comprender que no es algo malo. El diseño de Dios es que nuestros hijos crezcan y un día abandonen el nido, preferiblemente antes de llegar a los treinta años. Nuestro estilo de crianza tiene que cambiar a medida que los hijos maduran. Gwen Smith dice:

> Cuando tus hijos son pequeños, la situación es: "No toques o perderás privilegios". Cuando llegan a la adolescencia, esto ya no funciona y sus corazones se irán cerrando a escuchar y se volverán contra ti. No podemos ser tan prácticas ni tener mano dura. Debemos razonar con ellos y ayudarles a entender nuestro proceso de pensamiento.
>
> Como madres atravesamos el cambio de tener un hijo que quiere salir contigo y tomarse de tu mano, a un hijo que necesita ahora que le des espacio. Podemos elegir que eso dañe nuestros corazones, o reconocer que cuando nuestros hijos se estén alejando de nosotras, en realidad están comenzando ese proceso de destete para el que Dios los creó. Esto cambia nuestra manera de influir.[6]

Cuando tus hijos crecen, también debes cambiar tu estilo de crianza. John Rosemond describe la etapa entre el nacimiento y los dos años de edad como la temporada de servicio. Evidente, ¿no es así? Durante esos años, tu hijo necesita que *estés* alrededor de él. Pero aquí está la parte que a menudo olvidamos. Entre las edades de dos y tres años debe haber un rompimiento de esa codependencia, a medida que la mamá hace menos y menos por ese hijo. La siguiente etapa es la década de la disciplina, entre los tres y los trece años, seguida por un tiempo de guiar a nuestros adolescentes.[7]

¿En qué etapa(s) estás ahora con tus hijos? Algunas temporadas son, por naturaleza, más retadoras que otras como padres. Es difícil para "mamá osa" responder con calma a miradas altaneras, tonos irrespetuosos, cuartos desordenados y dramas diarios. Así aconsejó el famoso Mark Twain: "Cuando tu hijo cumple doce años, lo debes mantener en un barril y alimentarlo a través del agujero, hasta que llegue a los dieciséis… tiempo en el cual tapas el agujero".[8]

6. Entrevista con Gwen Smith.
7. John Rosemond, Conferencia Familiar 2015, El Cajón, CA, 21 de febrero, 2015.
8. Citado en Judith Newman, "Inside the Teenage Brain", *Parade*, 28 de noviembre, 2010, http://parade.com/37715/parade/28-inside-the-teenage-brain (consultado el 12 de enero, 2015).

Permanecer en la Palabra de Dios te dará sabiduría y paciencia para asegurarte de no tapar ese agujero. Cuando te sientas a punto de gritar, aplica un versículo como Proverbios 15:1: "La blanda respuesta quita la ira; mas la palabra áspera hace subir el furor". Cuando el hijo adolescente de Gwen Smith vuelve a dejar sus zapatos en el lugar equivocado, el instinto natural de ella es gritar: "¡Esta no es una zona de recolección de zapatos!". Pero con Proverbios 15:1 en mente, le dice: "Cariño, sé que tienes un horario repleto. Pero llevar tus zapatos a la planta alta nos ayudará a todos. No estoy tratando de complicarte la vida". ¿Y adivina qué? Esas palabras amables alejan la ira y hacen que esos zapatos vayan a la planta alta.

Pero yo quiero volver

Hace años, cuando llevé a Ethan al primer día de jardín de infancia, no solo me sentía intranquila, me hallaba *nerviosa*. Estaba inscribiendo a mi hijo de habla inglesa en un programa de inmersión bilingüe donde el 90% del día le estarían enseñando español. Al ver a los niños formados frente al salón de clases, apreté la mano de Ethan y me armé de valor.

—¡Esto es muy emocionante! —exclamé, medio en serio y medio esperando que Ethan captara mi fingido entusiasmo.

Pero Ethan no necesitaba ninguna ayuda.

—¡Es muy emocionante, especialmente para mí! —manifestó sonriendo.

La maestra hacía sus anuncios en español y una maestra auxiliar traducía las instrucciones necesarias al inglés. Los padres nos quedamos con nuestros hijos durante los primeros quince minutos de clase, completando juntos un juego de búsqueda que consistía en lugares como el baño, los casilleros de los estudiantes y la biblioteca. Cuando la maestra dijo en español: "¡Adiós, padres!", había llegado la hora de cortar el cordón umbilical. Algunos niños se vinieron abajo y lloraron, pero Ethan ni siquiera se inmutó mientras yo me alejaba. Él estaba preparado, lo estuviera yo o no.

En ocasiones, nuestros hijos han madurado para la próxima etapa antes de que nosotros lo deseemos. Recuerdo una vez en que los cereales Cheerios arreglaron todas y cada una de las situaciones de mi vida de madre. Una mamá mayor me advirtió: "Dentro de poco, esos Cheerios ya no funcionarán". Creí que ella estaba loca, pero tenía razón. Es muy útil tener mamás sanas en tu vida que tengan hijos mayores que los tuyos. Como en el caso de otras profesionales, las mamás necesitamos orientadoras. La escritora Janet Thompson declara:

Estamos levantando generaciones, haciendo un refugio y creando riqueza con nuestras finanzas. Muchas cosas dependen de nosotras y si no nos lo tomamos en serio, podríamos causar una grave destrucción. Necesitas a alguien que te oriente porque nunca dejas de crecer. Nunca dejas de aprender. Necesitas a alguien que esté dos pasos por delante de ti, que esté a tu lado y que te pida cuentas. No estás destinada a hacer las cosas sola.[9]

No podemos volver a los días gloriosos de los Cheerios y de lindos bebés regordetes (y las que ahora mismo están allí, no se preocupen, esto también pasará). Cada etapa de la crianza tiene una belleza muy particular y requiere que entendamos a nuestros hijos en formas distintas, incluso cuando se convierten en adultos. Busca a alguien que te oriente y te anime a través de las diferentes edades y etapas. Tal vez esa orientadora sea tu madre, tu abuela, tu tía o una amiga de la familia. Sigue apoyándote en madres sabias, más mayores, y susurra: "Dime más…".

Inyección de energía para hoy

¿Qué puedes hacer para aprender sobre la próxima etapa de crianza que experimentarás? Puedes invitar a una mamá mayor a tomar café o leer un libro sobre crianza de hijos (recomiendo los libros de John Rosemond), o…

Oración de hoy

Señor, te alabo por cada etapa de la maternidad. Tú conociste a mi hijo incluso antes de que naciera. Sabes todo lo que mis hijos necesitan para crecer en la vida y en la piedad. Prepárame para ser una madre positiva en cada fase de desarrollo. Concédeme gracia cuando flaquee y sabiduría más allá de mis propias capacidades.

---

9. Entrevista personal con Janet Thompson, 25 de agosto, 2014.

Día 10

¡Vaya! ¡Realmente hablaba en serio!

El necio menosprecia el consejo de su padre; mas el
que guarda la corrección vendrá a ser prudente.

Proverbios 15:5

Corría el año 2009 y era mi cumpleaños. ¿Cuál fue mi sencilla petición de cumpleaños? Tomar fotos familiares en el parque. Le pasé a Ethan, de cinco años de edad, una camiseta polo para que se la pusiera. —*¡Quiero algo que tenga un auto!* —gritó a todo pulmón—. *¡No* me pondré esa camiseta azul!

Con la mayor naturalidad le advertí que si no vestía esa camiseta azul marino, no comería del pastel helado. Él sopesó su deseo respecto a su atuendo o comer helado, y escogió sabiamente.

—Vístete, y saldremos en diez minutos —le indiqué.

Pero diez minutos después aún estaba corriendo por toda la casa en ropa interior.

James le advirtió que tendría que quedarse sin camisa todo el día si tanto le gustaba estar desnudo. Pero eso llamó *mi* atención. Yo no quería tener un niño medio desnudo en mis fotos de cumpleaños. Por tanto, James modificó la disciplina y le dijo a Ethan que permanecería sin camisa hasta que fuéramos al parque.

El niño se puso furioso.

—¡Quiero una camisa! —exclamó—. ¡Tengo mucho frío!

Entonces comenzó a temblar de manera dramática. Le pasé una manta. Ethan la rechazó.

—¡Solo la camisa me mantendrá caliente! —se quejó.

Mi niño, orientado en las estructuras y las normas estaba asustado al pensar que subiría al auto sin camisa.

Cuando al fin Ethan recuperó su camiseta, le dije firmemente que si esto volvía a suceder, tendría que quedarse sin camisa más tiempo. Fue una disciplina basada en la acción en su máxima expresión. Si te quejas por la ropa, está bien. Puedes quedarte desnudo. Sin duda eso funcionó con Ethan. Nunca volvió a cometer semejante locura. Pero tú podrías estar pensando: *Con mi hijo no funcionará realmente. ¡Le encantaría andar desnudo todo el día!* Tienes que crear consecuencias negativas que les hablen individualmente a tus hijos. Lo que funciona para uno podría tener el efecto opuesto en otro. Rhonda Rhea recuerda:

> Con uno de mis hijos sentí que debía fabricarme una funda para llevar siempre una vara de castigo. Pero a mi otro hijo bastaba con mirarlo para que se arrepintiera de inmediato. La crianza requiere la capacidad de comprender a nuestros hijos. ¿Lo haremos siempre de la forma correcta? No, pero la gracia de Dios es infinitamente superior a nuestros desastres.[10]

Respecto a la disciplina, se requiere un compromiso subyacente para la mamá feliz y sensata. Lee esto en voz alta: *Haré que toda conducta que no quiero para mi hijo sea contraproducente.* Cuando tu hijo se porte mal, la consecuencia debe ser tan rápida, repentina y decisiva que se lo piense dos veces antes de volver a hacerlo de nuevo. Quise que fuera ineficaz para Ethan que me discutiera acerca de lo que debía ponerse.

Una de las razones por la que los niños lloriquean tanto es que les funciona. Cuando han pedido ese caramelo o ese videojuego por décima vez, ya estamos agotadas y cedemos. Su lloriqueo es productivo. ¿Pero qué pasaría si no tuviera éxito *todas* las veces? ¿Y si dijeras: "Hmm, escucho tu lloriqueo. Eso significa que hoy no tendremos caramelo"? ¿Y si lo dijeras realmente en serio?

La constancia es tu amiga

Si en el pasado has luchado con imponer una disciplina constante (¿y quién no?), no te desanimes. Hoy puedes dar un giro total. Me hallaba hablando ante un grupo de madres, y mi tema era "¡Mamá va a ganar!". Después de la reunión, una de las madres le pasó a su hija medio bizcocho.

—¡Quiero *todo* el bizcocho! —exigió la niña con voz tan audible que todo el auditorio lo oyó.

—Puedes comerte la mitad o nada —respondió con calma la mamá—. Si vas a llorar, tiraré el bizcocho a la basura. Tienes que cuidar tus modales.

---

10. Entrevista con Rhonda Rhea.

Esa fue una gran ilustración de lo que yo acababa de decir. A diferencia de la mayoría de las personas, las madres tienen que poner en práctica al instante lo que aprenden.

La escritora y mamá bloguera Kristen Welch dice esto respecto a ser constantes:

> La constancia es muy esencial. Si queremos realmente un hogar centrado en Jesús, necesitamos constancia para no ceder a todo lloriqueo y toda exigencia. Los niños tienen muchas exigencias. ¡Es tan físico cuando son pequeños, y después tan emocional cuando se hacen mayores!

Los tres hijos de Kristen utilizan un organigrama de tareas. A uno de ellos le gusta servir, y tachar las tareas del organigrama le resulta fácil. Para otro de sus hijos las cosas no son así. Cuando le toca lavar los platos, Kristen tiene que pedírselo una y otra vez. Esto se estaba volviendo muy frustrante, pero Kristen estaba decidida a ser consecuente y a no descartar el organigrama de tareas.

> Es lo que hacemos como familia. Nos turnamos. Nunca olvidaré la primera vez que mi hija se levantó de la mesa sin que se lo pidieran, revisó el organigrama y empezó a limpiar la cocina. Quise llorar. Su presencia en la cocina fue milagrosa. Llegamos a decir: "Estamos muy orgullosos de ti. Vemos tu crecimiento". Fue algo especial y significó mucho. La próxima vez que le tocó fue incluso más fácil.[11]

¿Ves ahora que ser consecuente le ayudó a la hija de Kristen a crecer y madurar? Cuando eres coherente con las reglas de tu casa, tus hijos (con el tiempo) agarran la onda y crecen. No renuncies al principio solo porque no veas ningún resultado. Muchas veces las madres claudican después de una o dos semanas de intentar algo nuevo, como un organigrama de tareas. Dirán: "No funcionó con mi familia". Pero si hubieran insistido más tiempo, se habría desarrollado un hábito nuevo y útil.

Como mamá debes facilitar las cosas al máximo para que tus hijos obedezcan las reglas de tu casa. Esto implica ser consecuente, porque es muy difícil dar a un blanco en movimiento. Si castigas a tu hijo el

---

11. Entrevista personal con Kristen Welch, 12 de agosto, 2014.

lunes por hacer XYZ, pero el viernes se sale con la suya habiendo hecho lo mismo, esto lo confunde y lo frustra. La disciplina irregular produce falta de respeto hacia tu liderazgo.

La claridad es clave

Otra cosa que puedes hacer para ayudar a tu hijo a ser obediente es establecer las reglas con claridad. No des por sentado que tu hijo puede leerte la mente o practicar las cortesías comunes de forma automática. He aquí lo que Rhonda Rhea dice sobre las reglas:

> No soy buena en matemáticas, pero sí entiendo que si voy por la autopista a 120 km/hora en una zona de 100 km/hora y me detienen, no puedo discutir si me ponen una multa. Me la gané y lo sé porque ya conocía las reglas. Creo que debemos tener mucho cuidado y no suponer que nuestros hijos conocen las reglas. Muchas veces pensamos: *Eso es de sentido común, es lógico.* Pero es como tomar a un extraterrestre y colocarlo en un planeta nuevo. Debemos decirles a nuestros hijos cuáles son las reglas y después imponer las consecuencias por quebrantarlas. No podemos esperar que conozcan reglas de las que no les hemos hablado. Creo que está mal castigarlos por romper reglas de las que nunca oyeron hablar.[12]

Una de las normas verbales en el hogar Pellicane es: "Si no te comes la verdura a la hora de comer, la verás otra vez en la próxima comida". Como podrás suponer, por lo general eso significa en el desayuno. Bueno, antes de que me elogies por mi nutrición superior debes saber que mis porciones de hortalizas son vergonzosamente pequeñas, tal vez del tamaño del puño de mi hija de tercer grado. Pues bien, a sus tres años, mi pequeña Miss Lucy tenía una voluntad (y al parecer un estómago) de acero.

Lucy había dejado su ensalada de verduras (remolachas, zanahorias, brócoli) en la cena. Siguiendo las normas establecidas en la casa, en el desayuno ella debía servirse esas hortalizas y el famoso batido verde. La niña continuó su ataque contra la temida ensalada de hortalizas, así que se la serví de nuevo al mediodía. No probó ni un bocado. En la cena volvieron a aparecer las verduras y Lucy no se doblegó. Después de tanto tiempo, ¡debería temer muchísima hambre!

---

12. Entrevista con Rhonda Rhea.

Los chicos fueron a la iglesia aquella noche, y les sirvieron pretzels, galletas y caramelos. Ethan le dijo a Lucy: "¡No puedes comer eso porque no te comiste tus hortalizas!". La maestra me dijo más tarde que Lucy casi se vino abajo… los ojos se le llenaron de lágrimas, pero se recuperó. Sabía que iba contra las reglas consumir cualquier cosa hasta que se comiera sus hortalizas. Una nota muy dulce: Noelle tampoco se comió el refrigerio en un acto de amor y solidaridad con su hermana menor.

A estas alturas, algunas lectoras deben de estar pensando: *¡Vamos, permítele a la pobre niña comer las galletas!* Pero recuerda: si eres consecuente cuando la situación es difícil y ganas, tu hijo aprenderá una lección inolvidable que hará tu vida futura de madre mucho más fácil de manejar.

A la mañana siguiente, Lucy se quedó mirando su ensalada de hortalizas. Me quebranté (un poco) y puse algunos arándanos sobre las hortalizas. Entonces fui a la planta alta a conseguir algo, ¡y cuando regresé, Lucy había abierto la bolsa de arándanos y se estaba dando un festín!

Le pregunté si aquello estaba bien o mal. Contestó: "Mal". Entonces, muy lentamente, comenzó a poner aquellas pequeñas hortalizas en su boca. Por fin terminó su tazón de ensalada y pudo continuar con los demás grupos de alimentos. Aunque Lucy volvió a encontrarse sus hortalizas en el desayuno más de una vez, nunca repitió su huelga de hambre total. Está aprendiendo que negarse a comer verduras es contraproducente y es un error.[13]

Inyección de energía para hoy

Cuando tu hijo se porte mal hoy, preséntale una consecuencia rápida y sé constante. No vaciles. Haz que tu hijo piense: ¡Vaya! ¡Realmente hablaba en serio!".

Oración de hoy

Señor, ayúdame a seguir adelante y a ser constante con las reglas que les doy a mis hijos. Concédeme la fortaleza física y emocional para sobrevivir y ser más lista que ellos cuando deba serlo. Que mis palabras y acciones sean hoy agradables para ti. Ayuda a mis hijos a respetarme y obedecerme para que puedan prosperar y crecer.

---

13. Para ver un video de Lucy frente a su ensalada de hortalizas, visita arlenepellicane.com y pulsa en Family Album debajo de Videos.

Día 11

Deja de maquinar tus propias peticiones de oración

El que detiene el castigo, a su hijo aborrece; mas
el que lo ama, desde temprano lo corrige.

PROVERBIOS 13:24

¿Has oído hablar alguna vez de la teoría de las ventanas rotas? La idea es que en las zonas urbanas se pueden reducir graves delitos aplicando estrictamente las leyes contra delitos menores como el grafiti y el vandalismo. Cuando no se hacen las reparaciones necesarias a los edificios, tienden más a ser objeto de vandalismo, e invitan a una mayor delincuencia en la zona. En ellos suelen instalarse ocupantes ilegales, y al poco tiempo todo el vecindario decae. Arreglar esas primeras ventanas rotas en una comunidad puede prevenir el aumento de daños y delitos.[14]

¿Y si aplicamos esta teoría de las ventanas rotas a la maternidad? Si permites que tus hijos salgan inmunes cuando cometen algunas infracciones menores, estos comportamientos desobedientes no tardarán en volverse más frecuentes y más graves. ¿Hace falta alguna prueba? Pero si tomas medidas drásticas al primer indicio de transgresiones menores, como responder con descaro o no recoger los juguetes, le estás comunicando a tu hijo: "Vives en un hogar de orden. Aquí hay reglas que debes cumplir". Tú eres la comisaria del pueblo y tu hijo es uno de los ciudadanos, no al revés.

Por desgracia, en vez de tratar los asuntos de conducta cuando los niños son pequeños, a menudo los pasamos por alto porque estamos atareadas, cansadas o distraídas. Hemos creído el mantra: "No te preocupes por las cosas pequeñas". Si tu hijo tiene una actitud dispersa, podrías pensar: *Bueno, más adelante me encargaré de ello. Los niños siempre muestran actitudes.* Es como si hubiera una diminuta ventana rota en

---

14. "What is the Broken Windows Theory?", *wiseGEEK*, www.wisegeek.com/what-is-the -brokenwindows-theory.htm (consultado el 16 de enero, 2015).

la casa, y tú simplemente lo permites. Tu hijo se da cuenta y repite esa falta de respeto más a menudo, hasta que llega a convertirse en la norma para ambos. Si no estableces las reglas con las cosas pequeñas, estas se acumulan y aumentan. Las ventanas rotas toman el control. Tu falta de respuesta le comunica a tu hijo: "Sigue adelante y haz lo que quieras. De todos modos, aquí todo está hecho un desastre". Cuando no actúas como líder de tu hogar, las cosas empiezan a derrumbarse. La tensión nerviosa te elimina. Terminas con una larga lista de peticiones de oración por tus hijos. Es evidente que no tiene nada de malo orar por tu hijo. Pero algunas peticiones de oración pueden evitarse... si corregimos a nuestros hijos mientras son pequeños. Así expresa Proverbios 19:18: "Castiga a tu hijo en tanto que hay esperanza; mas no se apresure tu alma para destruirlo". Según el comentario bíblico de Matthew Henry acerca de este versículo:

> Aquí se les advierte a los padres contra una tolerancia insensata hacia sus hijos. Tan pronto como aparece una inclinación corrupta en ellos, contrólenla de inmediato, antes de que al mal comportamiento le salga cabeza, eche raíz, y se endurezca convirtiéndose en un hábito. No digan que es triste corregirlos, y que por sus lloriqueos y súplicas de perdón ustedes no pueden hallar valor en su corazón para reprenderlos. Los perdonan una vez, con base en un arrepentimiento fingido, pero eso los envalentona a volver a portarse mal, en especial si se trata de algo pecaminoso en sí mismo (como mentir, jurar, robar o cualquier otro pecado similar). Es mejor que los niños lloren bajo la vara que bajo la espada del magistrado o, lo que es más aterrador, bajo la venganza divina.[15]

Aunque escritas en 1706, estas palabras son muy relevantes para la mamá de hoy. No manipulemos nuestras propias peticiones de oración, porque estamos asustadas o demasiado cansadas para corregir a nuestros hijos. Tú y yo somos la vigilancia del vecindario y debemos reparar las ventanas rotas antes de que se deterioren y se conviertan en algo mucho peor en los corazones de nuestros hijos.

---

15. Matthew Henry, *Matthew Henry's Commentary on the Whole Bible* (Peabody, MA: Hendrickson, 1994), p. 997.

No esperes, crea

Uno de los dichos de James respecto a la paternidad es: "No esperes, crea". Se trata de crear situaciones distintas que, inevitablemente, le ocurrirán a tu hijo. En lugar de esperar a que tu hijo salga al tráfico, haz que en la acera de tu casa practique cómo debe cruzar la calle. Antes de ir a un buen restaurante para el aniversario de alguien, hazle practicar buenos modales en la mesa de tu casa.

Cuando nuestros hijos eran pequeños, queríamos enseñarles a acudir cuando los llamábamos. Así que le expliqué a Ethan: "Cuando mami te llama, debes dejar lo que estás haciendo y acudir al instante a mi llamado. ¡Vamos a intentarlo!". Entonces lo ponía en el suelo con sus autos de juguete, y me alejaba algunos metros y le decía: "Ven con mami". Él venía corriendo, porque era como un juego divertido. Yo lo abrazaba y le decía que había hecho un gran trabajo. Hicimos esto algunas veces, y yo gritaba desde distintos lugares de la casa: "Ven con mami".

Aquí es donde el asunto se pone genial. Horas después yo gritaba "¡Ven con mamá!", y él dejaba lo que estaba haciendo y corría hacia mí. Pero a medida que pasaban los días y este juego novedoso perdía el encanto, Ethan empezaba a hacerme caso omiso. Yo le decía con firmeza: "Cuando mamá te llama, tú tienes que venir de inmediato". Lo volvíamos a intentar hasta que él lo hacía bien, y entonces lo abrazaba. Practicábamos este ejercicio de manera regular en casa, y luego, cuando estábamos en público, yo lo llamaba y él acudía.

Con tus hijos pequeños puedes crear este tipo de ejercicio para mantenerlos a salvo y tú permanecer cuerda. Con tus preadolescentes y adolescentes puedes seguir creando oportunidades de aprendizaje. Aquí tienes algunas ideas de cosas que puedes practicar con tu hijo o tu hija:

- Cómo interactuar con tu maestro si no entiendes una tarea
- Cómo responder cuando una niña te diga alguna grosería
- Qué hacer cuando un muchacho te empuje
- Qué hacer si ves algo inapropiado en línea
- Cómo elegir ropa atractiva y decente
- Cómo tener éxito en una entrevista para un trabajo de tiempo parcial

Cuando te implicas activamente en enseñar a tu hijo sobre el sexo, las relaciones, el dinero y la escuela, te quitas de encima años de educación de tu hijo en la escuela de la vida.

Kendra Smiley afirma: "Una de las cosas que me resultó muy útil fue hacerme esta pregunta: ¿Cuál es mi objetivo como madre? Mi meta final era criar un adulto responsable".[16] Creo que compartiría ese objetivo con Kendra.

No esperes con pasividad que la vida enseñe lecciones a tus hijos. Piensa en los retos que él afronta hoy, y crea planes de juego y soluciones en el laboratorio seguro de tu hogar.

Más margen, por favor

Organizamos nuestra propia muerte como madres cuando asumimos demasiadas responsabilidades. Si eres igual que yo, siempre tienes prisa. ¡El reloj no se detiene!

Un sábado por la mañana fui a la biblioteca con mis hijas. Eran las 10.30 h, pero en la puerta había un letrero que decía: *Cerrado hasta las 12.00 h por una reunión cívica.* Yo no quería esperar noventa minutos, pero teníamos un libro reservado. Por tanto, fuimos a la oficina de correos y al supermercado cercano. Disponíamos de mucho tiempo, así que la fila en la oficina de correos casi no fue una molestia como suele ser. No llevé el carro de la compra como en una pista de carrera. Dejé que Lucy se entretuviera en los pasillos. Llegamos a la biblioteca antes del mediodía, así que nos sentamos en un banco y hojeamos los libros que estábamos devolviendo. En realidad fue muy agradable. Me di cuenta de que tal vez muchos de los calendarios apretados que parecen gobernar mi día me los impongo yo misma. Ese día hicimos todos nuestros recados. Nos llevó algo más de tiempo del que me habría gustado, pero el inconveniente hizo que me relajara y disfrutara de la compañía de mis hijas.

Abarrotamos nuestros días y nuestra vida de madre con más de lo necesario. Hannah Keeley, madre de siete hijos, declara:

> Creo que las mamás se echan encima un montón de basura, yendo mucho más allá para hacer cosas y realizarlas en un frenesí. Nadie dijo que tuvieras que llevar un álbum de recortes de cada día de tu vida y meterlo en una carpeta. Nadie dijo que tengas que preparar 365 comidas. Amontonamos demasiado en nuestros platos, porque vemos en Pinterest que todo el mundo tiene casas hermosas y cuadros impresionantes. Es ridículo pensar que tengamos que vivir así. Por tanto,

---

16. Entrevista con Kendra Smiley.

debemos determinar: ¿qué cosas sencillamente innecesarias estamos asumiendo? He visto a mamás haciendo cosas por sus hijos que ellos son totalmente capaces de hacer. ¿Por qué tu hijo, estudiante de educación media, no está lavando su propia ropa? Cualquier chico, capaz de programar un teléfono o averiguar cómo funciona el televisor, puede hacer funcionar una lavadora y llenar el lavavajillas. No tengo ni una brizna de hierba en mi jardín frontal. Tengo despegado el papel pintado del vestíbulo. Pero nuestra casa está llena de gozo, paz y amor. Y prefiero tener eso que un empapelado nuevo. Soy una mamá profesional con siete cuentas principales. Me ocupo de lo más importante.[17]

¿Qué partes de tu vida de madre podrían recortarse para que puedas enfocarte en lo más importante? ¿Qué tareas caseras podrían hacer tus hijos (aunque de manera imperfecta) para darte más tiempo libre? Cuando consigas mayor margen en tu día, serás una persona más agradable y una madre más eficiente. Puedes utilizar el mismo dicho para ti misma: *No esperes, crea*. No aguardes a que la vida te dé un día menos estresante y menos cargado de actividad. Crea ese día y el calibre de maternidad que quieres.

Ventanas rotas… ¡cuidado!

~~~~~~

MENSAJE DE LAURA PETHERBRIDGE PARA MAMÁS SOLTERAS

Hubo una época en que me hallaba muy amargada respecto al matrimonio. Parecía funcionar para todo el mundo menos para mí. Yo sabía que, después de esto, tenía que hacer un control de daños. Lo último que deseas transmitir a tus hijos es amargura. No insultes nunca a tu ex marido delante de los niños. Esto es fácil de decir, difícil de llevar a cabo. Tienes que buscar grandes modelos de matrimonio para tus hijos.

La mayoría de madres solteras piensan: *Debo pasar todo mi tiempo con mis hijos. Tengo que ponerme manos a la obra.* Parecerá contradictorio, pero opino que debes darte un respiro, mamá. Ve a divertirte un poco con tus amigas. Debes estar con otras parejas y

---

17. Entrevista con Hannah Keeley.

tener grandes experiencias de las que puedas hablarles a tus hijos. Cuando yo fui madre soltera, estaba harta de ser yo. No me gustaba aquello en lo que me había convertido. Así que me impliqué en la iglesia, algo difícil por ser madre soltera. No dejé de aparecer y volver. Encontré a una familia con la que podía ser sincera. Les confesé: "No me gusta esto en lo que me estoy convirtiendo. ¿Pueden hacerme rendir cuentas?" Los buenos amigos pueden hacer eso por ti, y tú también puedes hacerlo por ellos.[18] ✦

Inyección de energía para hoy

¿Qué ventanas rotas necesitan atención inmediata hoy? ¿Qué actividad puedes eliminar para tener más tiempo de enfocarte en la necesidad más apremiante de disciplina en tu hogar?

Oración de hoy

Señor, dame sabiduría y fortaleza para disciplinar y corregir a mi hijo mientras aún hay esperanza. Que yo pueda ser una fuerza para bien en mi hogar. Utilízame en la vida de mi hijo para formarle el carácter. Muéstrame cómo puedo aflojar el ritmo y reducir mi tensión, de modo que pueda estar más disponible para ocuparme de lo principal.

---

18. Entrevista con Laura Petherbridge.

Día 12

Usa tu culpa de madre para bien

Acerquémonos con corazón sincero, en plena
certidumbre de fe, purificados los corazones de mala
conciencia, y lavados los cuerpos con agua pura.
HEBREOS 10:22

Hay días en que sientes un enorme fracaso como madre. Tu casa es un desastre. Uno de tus hijos empujó a otro niño de preescolar. Tu hijo mayor está teniendo problemas de atención en el colegio. Y comen comida rápida por tercera vez y solo es miércoles.

Es fácil caer presa de una mentalidad de víctima. *¡Ay de mí! Soy una perdedora. Fulana de tal nunca dejaría que le pasara esto. Soy una madre terrible.* Pero ese diálogo interior negativo no hace mucho por mejorarte la vida.

Hannah Keeley recuerda, como madre reciente, que al dirigirse al cesto de la ropa logró verse en el espejo, y pensó: *¿Quién es esa gorda, agotada y deprimida anciana que me está mirando?*

Me puse a llorar a moco tendido, a lágrima viva. Agarré una camisa de mi esposo y me enjuagué el rostro, sonándome la nariz, y pensando: *He tocado fondo.* La cosa no puede ser peor que sonarte la nariz con el calcetín de tu marido. ¡Estaba tan abrumada!

Después de un tiempo me di cuenta de que nadie venía a socorrerme. Nadie aparecía en la puerta con un gran cheque. Ningún equipo venía a limpiar mi casa. Nadie vino para ser mi entrenador personal. He visto películas, y se supone que alguien se acerca y lo arregla todo. Afortunadamente para mí, el Espíritu Santo lo hizo. Finalmente comprendí que estaba intentando hacer las cosas a mi manera, y aquello no funcionaba. Hice algo que cambió por completo mi vida: empecé a doblar la ropa. La razón por la que un acto me cambió la vida es que comprendí que si alguien va a hacerlo, tengo que ser yo.[19]

En lugar de estar revolcándose en el remordimiento materno, Hannah actuó y decidió mejorar sus habilidades establecidas como mamá. Se arremangó y empezó a doblar la ropa. Allí es donde ella comenzó. ¿Por dónde podrías empezar tú?

La diferencia entre culpa mala y culpa buena

La culpa mala declara: "No soy buena". La culpa buena dice: "Hice algo malo y estoy arrepentida". El escritor Philip Yancey lo describe de este modo:

> La culpa no es un estado que se cultiva, como un estado de ánimo en el que caes durante algunos días. La culpa debe tener un movimiento direccional, señalando primero hacia atrás, al pecado, y después hacia delante, al arrepentimiento... Los verdaderos santos no se desaniman por sus fracasos, porque reconocen que un individuo que no siente culpa, nunca puede hallar sanidad. Paradójicamente, tampoco la encuentra una persona que se revuelca en la culpa. El sentimiento de culpa solo sirve para su propósito designado cuando nos presiona hacia el Dios que promete perdón y restauración.[20]

En 1 Juan 1:9 se nos enseña: "Si confesamos nuestros pecados, él es fiel y justo para perdonar nuestros pecados, y limpiarnos de toda maldad". ¡Qué hermosa promesa para nosotras, seres imperfectos, mamás que nos equivocamos, como cuando se nos quema la granola! Sí, eso me ocurrió hace poco, cuando James metió al horno su deliciosa granola hecha en casa. Él iba a llevar a Noelle a comer helado. Lo único que yo debía hacer era hornear la granola unos quince minutos y luego revolverla cada cinco minutos hasta que estuviera lista. Bastante fácil, ¿verdad? Yo estaba viendo *El show de Lucy* con Ethan y Noelle, y sí, tal como te imaginas: quemé toda la granola.

Cuando la puerta del garaje se abrió, se me cayó el alma a los pies. Como diría Ricky Ricardo, yo tenía muchas "explicaciones" que dar.

---

19. Entrevista con Hannah Keeley.
20. Philip Yancey, "Guilt Good and Bad", *Christianity Today*, 18 de noviembre, 2002, www.christianitytoday.com/ct/2002/november18/36.112.html (consultado el 17 de enero, 2015).

James estaba desilusionado y asombrado de que se me hubiera quemado por completo. Unos minutos más tarde, estaba sola en la cocina lavando los platos. ¡Me sentía tan culpable! Ya le había pedido disculpas:

—Siento de verdad haber quemado la granola, destruido todo tu duro trabajo y desperdiciado el dinero.

—No es para tanto —contestó compasivamente James—. No te preocupes.

Me di cuenta de que podía hacer desgraciados a los miembros de mi familia y a mí misma si seguía compadeciéndome mucho tiempo por la granola quemada. Podía dejarme vencer por mi error o seguir adelante. La mañana siguiente no tuvimos deliciosa granola para comer. Tuve que dejar de ensayar mi fracaso ("soy una pobre mamá") y simplemente seguir cocinando huevos y tostadas.

No tenemos que ser madres perfectas. Seamos más tolerantes con nosotras mismas cuando los bizcochos se desmoronen o cuando nos sintamos inadecuadas en comparación con otras madres. Me gusta lo que la escritora Kathi Lipp declara:

¿Desde cuándo es la culpa un requisito para ser madre? Creo que los publicistas toman la culpa de madre y dicen: "Te sientes culpable por ser una mamá que trabaja… bueno, así puedes comprar el amor de tus hijos. Te sientes culpable, porque te estás quedando en casa y no puedes darles todo… no te preocupes, puedes proporcionarles esto". Han tomado la culpabilidad de las madres y le han sacado partido para mantenerte en un lugar que no te satisface.

Una de las mejores cosas que podemos hacer con la culpa de madre es aceptarnos y amarnos. Creo que hemos establecido estos paradigmas sociales que dicen que si esa persona gana, tú pierdes. Conozco una madre que disfruta haciendo pasteles fabulosos, pero teme llevarlos a la escuela porque otras mamás se lamentarán: "Yo no puedo hacerlo. Me estás haciendo sentir mal". Todas tenemos dones distintos, y debemos dar con generosidad según los que se nos han otorgado.[21]

No permitas que el éxito o los pasteles perfectos de otras madres hagan que te sientas un fracaso como madre. No tienes que hacer nada

21. Entrevista personal con Kathi Lipp, 12 de agosto, 2014.

como otras mamás que te rodean. No tienes por qué imitar la experiencia de otra. Desecha esa culpa malsana, y céntrate en las cosas específicas de tu viaje como madre, no en el de otra persona.

El pastel de la humildad es delicioso

Tus hijos no van a actuar perfectamente todo el tiempo. Eso se sobreentiende, ¿verdad? Pero existe un lado positivo. Esto es lo que dice la escritora Karen Ehman:

La mala conducta de mis hijos me mantiene humilde, me hace acudir a Dios en busca de respuestas, porque indudablemente no las tengo. Si pudiera ser una madre perfecta que nunca comete una equivocación ni toma una mala decisión, y que siempre sabe lo que debe decir, en el momento adecuado, lo sería prácticamente todo para mi hijo. Él ya no necesitaría a Dios. Por tanto, por mucho que a veces quiera vencerlas, uso mis imperfecciones como plataforma de lanzamiento para orientar a mis hijos hacia Dios.

No encadenes tu identidad a las decisiones de tus hijos, sean buenas o malas. Si aprendes a basar tu identidad en las decisiones correctas de tus hijos, es un lugar peligroso donde vivir. Es igualmente peligroso encadenar tu identidad a las malas decisiones de tus hijos; si eres responsable de estas, significaría que también eres responsable de las buenas. Sin embargo, sé que todo lo bueno y justo en mis hijo se debe totalmente al Señor, no a mí. ¡Quizás a pesar de mí!

Ciertamente tenemos que elogiarlos por sus buenas decisiones y corregirlos por las malas, pero debemos saber que sus decisiones son responsabilidad suya. Sentimos esas emociones con altibajos que se deben a la maternidad. "Johnny es estudiante del mes". ¡Bien! ¡Soy una buena madre! Al día siguiente: "Llamaron a Johnny a la oficina del rector?". Ahora soy una pésima madre. Nuestra identidad tiene que proceder de Cristo y no de nuestros hijos.[22]

Puedes esperar que tu hijo, tu esposo, un compañero de trabajo o un amigo te humillen, o humillarte tú primero. Cuando usas tu culpa para

---

22. Entrevista personal con Karen Ehman, 13 de enero, 2015.

humillarte delante de Dios y clamar: "¡Necesito tu ayuda!", Él vendrá a rescatarte todas las veces.

Cuando Noelle tenía tres años, le encantaba garabatear mientras James trabajaba en su escritorio. Ella le presentaba lo que solo un padre podría llamar obra de arte.

—Esto es para ti, papito —le decía la niña con orgullo.

James guardaba un pequeño montón de estas obras de arte y, por supuesto, con el tiempo aquellos pedazos de papel iban a parar a la papelera de reciclaje. Un día, Noelle le entregó a James una de sus obras maestras; él le dio las gracias y, distraídamente, lanzó el papel a la basura.

—Papi, ¡la tiraste a la basura! —exclamó ella.

—Oh, no, Noelle —inventó James—. Las guardo ahí… ¡es un lugar de almacenamiento!

¿Sabes qué es lo fabuloso de tu Padre Dios? Él puede tomar tu basura y redimirla, tomar tus errores como madre y enseñarte lecciones que te enaltecerán como tal. Él puede tomar los malos recuerdos almacenados en tu mente y reemplazarlos por pensamientos de paz y sanidad. Empieza tan solo reconociendo tus errores. Recibe el perdón de Dios y deja a un lado tu culpa innecesaria de madre.

Inyección de energía para hoy

¿Entiendes la diferencia entre la culpa mala y la buena? Comprométete a poner atención a la culpa buena y a desestimar la burlona voz de la culpa mala.

Oración de hoy

Señor, vengo ante ti como persona imperfecta. Perdóname por los errores que he cometido como madre. Ayúdame a no pecar contra ti ni contra mis hijos. Muéstrame cómo reparar toda maldad de la que no me he ocupado. Permíteme vivir en la libertad de tu perdón. Gracias por tu gracia.

Día 13

Tu estrategia respecto al tiempo frente a la pantalla

Enséñanos de tal modo a contar nuestros días,
que traigamos al corazón sabiduría.
SALMOS 90:12

No necesito decirte que las pantallas son parte de la vida familiar como nunca antes. El hijo estadounidense promedio, entre las edades de ocho y dieciocho años, pasa más de siete horas diarias con un videojuego, una computadora, un teléfono celular, o la televisión.[23] Cuando un niño nacido hoy cumpla siete años, ya habrá pasado todo un año (365 días de veinticuatro horas) frente a la pantalla.[24] ¡Caramba!

Aquí tienes una pregunta clave para la mamá feliz: ¿la tecnología los está acercando más a ustedes como familia o los está apartando? Podrías comprar un televisor gigante de pantalla plana para que tu familia pueda acurrucarse, juntarse y comer palomitas de maíz mientras ven una película el viernes por la noche. Pero, en realidad, una persona suele monopolizar la pantalla gigante mientras los demás miembros de la casa se retiran a sus propias pantallas y a sus espacios personales para observar cosas diferentes. Las pantallas pueden usarse para juntar a las familias (como llamar a la abuela por Skype), pero lo normal es que se usen de manera independiente, con cada miembro de la familia pegado a su propio dispositivo.

Las pantallas no son el problema; el problema radica en la forma de usarlas constantemente. Cuando tu hijo tiene tiempo libre, ¿cuál es la actividad por defecto? Para la familia promedio, el tiempo libre equivale a

23. "Generation M²", Fundación Familiar Kaiser, 20 de enero, 2010, http://kff.org/other/event/generation-m2-media-in-the-lives-of/ (consultado el 18 de enero, 2015).

24. "Too Much 'Screen Time' for Kids Could Cause Long-term Brain Damage, Warn Experts", *Huffington Post*, 22 de mayo, 2012, www.huffingtonpost.co.uk/2012/05/21/parenting-tv-time-badhealth-children_n_1533244.html (consultado el 18 de enero, 2015).

tiempo de pantalla; pero un tiempo sin propósito tiende a ser una pérdida de tiempo y una influencia negativa. El escenario central está ocupado por píxeles en lugar de los padres. Los niños son como el cemento fresco, y hoy día la mayoría de ellos están más influenciados por las pantallas que por los padres. Pero las cosas no tienen por qué ser así.

Elige sabiamente tu plan

Cuando entras a un almacén de teléfonos celulares, tienes una increíble variedad de planes para elegir. De la misma forma que eliges un plan que se ajuste a las necesidades de tu familia, necesitas un plan digital para el uso de las pantallas en tu hogar. ¿Cuánto tiempo por día estás permitiendo? ¿Qué programas, juegos y redes sociales se están aprobando? Sin un plan de trabajo, el tiempo de tus hijos derivará en tiempo de pantalla y entretenimiento sin sentido que, por lo general, va en contra de todo lo que estás tratando de inculcar como madre.

A continuación, algunas sugerencias para poner a funcionar tu cerebro. Haz un plan a tu medida; no tienes que copiar el plan de nadie, ni siquiera el mío. Necesitas sabiduría para diseñar el mejor plan para ti y tus hijos, y apégate a él. Empecemos por el plan de juego Pellicane, también conocido como "Plan Dinosaurio".

Ninguno de nuestros tres hijos tiene dispositivo de juego, tableta ni teléfono. Usan nuestra computadora portátil para hacer sus deberes escolares, y esto toma aproximadamente dos horas por hijo y por semana. Cuando James y yo nos casamos, hace dieciséis años, me pidió que tuviéramos un período de un mes sin cable. Acepté a regañadientes, y desde entonces no lo hemos vuelto a tener. Decidimos lo que ven los niños y el tiempo de uso del DVD como un premio.

En nuestra casa no existen juegos de video; Ethan está en quinto grado y recibe gran cantidad de críticas por no tenerlos. Una noche hablamos de eso a la hora de dormir. "Mamá, mis amigos dicen que sienten pena por mí, pero yo siento pena por ellos, pues no leen, no tocan el piano ni saben artes marciales. Lo único que saben es jugar con videojuegos". No incluyo esto para darme palmaditas en la espalda. Hablo de ello para animarte. Criar hijos que viven de distinta manera que sus compañeros está bien. Después de todo, la norma de los niños adictos a las pantallas no está ayudando en absoluto a nuestra cultura. Aquí tienes algunas ideas más para tu plan.

Lista de prioridades. Cuando sus hijos ingresaron a la escuela intermedia, Dannah Gresh se dio cuenta de que iba a perder mucho control sobre lo que ellos veían. Los chicos tendrían que ser capaces de controlarse. Dannah hizo que escribieran sus prioridades. Sus listas incluían la familia, tiempo con Dios, la tarea escolar, fútbol, piano, juegos de video y tiempo con amigos. A continuación hizo que sus hijos pusieran sus prioridades por orden de importancia, y esto les hizo comprender por qué no debían jugar con videojuegos hasta que hicieran sus deberes escolares o acabaran sus tareas. Dannah expresa: "Enseñar aptitudes consecuentes de pensamiento era fundamental para que los chicos pudieran llevar esos límites al colegio, a la universidad y más allá. De otra manera solo estaríamos estableciendo reglas".[25]

Reuniones nocturnas. Hannah Keeley recoge teléfonos, tabletas y computadoras portátiles alrededor de las diez de la noche, incluso con tres chicos universitarios viviendo en casa. Si alguno necesita hacer tareas hasta tarde, puede pedirle ese tiempo extra. "Sabemos qué están haciendo en línea, porque mantenemos las computadoras a la vista. Cada noche tenemos una hora de desconexión y un lugar donde van todos los aparatos electrónicos".[26]

Registro del tiempo. Kristen Welch observó que muchos padres no son conscientes de la cantidad de tiempo que sus hijos consumen delante de las pantallas. Comenzó por observar de cerca a sus hijos y a continuación fijó un tiempo límite: treinta minutos de lunes a viernes (los niños eligen qué pantalla). Usan un gráfico de tiempo en pantalla para llevar un registro. A veces hacen excepciones para ver películas familiares pero, por lo general, durante la semana la regla de la casa es treinta minutos diarios. Los veranos, con más tiempo libre, los chicos pueden ganar tiempo de pantalla leyendo.

Días sin redes sociales. Kristen determinó también que el domingo fuera un día libre de pantallas. No le pareció un gran problema puesto que los niños ya tenían restringidas sus redes sociales. Pero cuando lo anunció, ¡hubo llanto y rechinar de dientes! La reacción sorprendió a Kristen, por lo que replicó: "Miren su reacción. Esto es demasiado importante para ustedes y por eso mismo debemos hacerlo". Fueron necesarias semanas para implementar la norma, pero ahora nunca piden utilizar una pantalla los domingos.[27]

Usa un cronómetro. Jennifer Degler emplea un administrador de tiempo de pantalla (un práctico cronómetro de televisión) para evitar

---

25. Entrevista con Dannah Gresh.
26. Entrevista con Hannah Keeley.
27. Entrevista con Kristen Welch.

las discusiones por tiempo en pantalla. Ella programa treinta minutos en cada aparato tras lo cual se apaga el artefacto. Si sus hijos necesitan más tiempo en la computadora, ella se encarga de programarlo. Su hijo adolescente declaró: "Sencillamente odio ese cronómetro de televisión; eres muy controladora. Espero que esos artefactos aún existan cuando yo sea padre, porque pienso usarlos en mis hijos".[28]

~~~~

EL TIEMPO EN PANTALLA Y LA MADRE SOLTERA

¿Cómo puedes reducir el tiempo de pantalla de tu hijo y aun así obtener ese tiempo "tuyo" que necesitas con tanta urgencia? Lo mejor es fijar una hora temprana para que tus hijos se acuesten, en particular los más pequeños. Si lo metes pronto en la cama, tu hijo aprende a ceñirse a esa rutina. Si no está listo para conciliar el sueño, puedes decirle: "No tienes que dormirte al instante, pero tienes que ir a tu habitación y permanecer en silencio. Puedes leer durante algunos minutos". Esto le proporciona a la mamá soltera algún tiempo al final del día para estar a solas sin interrupciones. ✦

Tu modelo digital

No podemos transmitir a nuestro hijo una relación saludable con la tecnología si estamos constantemente navegando por las redes sociales, enviando mensajes de texto durante las comidas, y viendo la televisión en segundo plano. El ejemplo digital es más importante que lo que decimos respecto al tiempo en pantalla. Si como madres estamos consumiendo todas nuestras horas del día con medios electrónicos de cualquier tipo, lo que comunicamos es: "La vida es esta. Es la norma". Muy a menudo les limitamos a nuestros hijos su tiempo en pantalla, pero nosotras pasamos horas en línea. Un día me desperté temprano para escribir, pero en lugar de seguir adelante, miré un video viral en YouTube. Es muy fácil distraerse.

En esta era digital debemos velar porque nuestro tiempo en pantalla no eclipse nuestro tiempo de crianza. Según el doctor David Greenfield, terapeuta en adicción a la tecnología, cerca del 65% de los estadounidenses abusan de la tecnología. Él asegura: "El teléfono nunca está apagado, por tanto nunca estamos desconectados. Dormimos con el teléfono al

---

28. Entrevista con Jennifer Degler.

lado de nuestra almohada. No estamos diseñados para estar en alerta las veinticuatro horas al día los siete días de la semana".[29]

No es de extrañar que no tengamos suficiente energía, paciencia o tiempo para criar a los hijos. La mayoría de las madres revisan automáticamente sus dispositivos varias veces cada hora. Estar ante las pantallas es todo menos relajante. La limitación de pantallas no solo es una buena idea para tus hijos, sino también para ti. ¿Cuánto tiempo ves *tú* la televisión cada día? ¿Cuánto tiempo estás *tú* en línea? Si apagas tus dispositivos todas las noches a la misma hora, esto te preparará para tener mejor descanso nocturno.

Mucho antes de que hubieran medios de comunicación social, un escritor francés del siglo XVI, François de La Rochefoucauld, manifestó: "Estamos más interesados en hacer creer a otros que somos felices que en tratar de ser felices nosotros mismos".[30] Deja de gastar tu energía proyectando una vida feliz a centenares de amigos en línea; gástala solamente en el círculo de tu hogar. Pasa menos tiempo en línea y más tiempo cara a cara, y frente a frente, con tus hijos. Ese es el camino digital menos transitado hacia la felicidad como madre.[31]

~~~~~~~~~~~~ **Inyección de energía para hoy** ~~~~~~~~~~~~

Tómate el tiempo de evaluar… y de hacerlo sinceramente: ¿Cuánto tiempo de pantalla al día le permites a tu hijo? ¿Cuánto tiempo inviertes tú en tus pantallas?

~~~~~~~~~~~~ **Oración de hoy** ~~~~~~~~~~~~

Señor, ayúdame a no permitir distracciones constantes en mi vida. No quiero ser esclava del teléfono ni de las redes sociales. No seré adicta a mensajes de texto. Quiero estar totalmente presente para mis hijos. Concédeme sabiduría para implementar una estrategia positiva en mi hogar. Ayuda a mi esposo y a mis hijos a cooperar con los límites de tiempo en pantalla en nuestra casa.

29. Beth Kassab, "¿Are You Addicted to Your Smartphone?" *Orlando Sentinel*, 25 de noviembre, 2013, http://articles.orlandosentinel.com (consultado el 10 de febrero, 2015).

30. www.brainyquote.com/quotes/quotes/f/francoisde151040.html (consultado el 20 de enero, 2015).

31. A fin de profundizar más en este tema, lee el libro que Arlene escribió con Gary Chapman, *El reto de criar a tus hijos en un mundo tecnológico* (Grand Rapids: Portavoz, 2014).

Día 14

Pulsa el botón de "reinicio"

Crea en mí, oh Dios, un corazón limpio, y
renueva un espíritu recto dentro de mí.

SALMOS 51:10

En California está prohibido conducir y hablar por el celular sin un dispositivo de manos libres. Pero mientras James conducía con nosotros cinco por la autopista, hablaba emocionado con el teléfono al oído. Un policía en motocicleta se puso al lado de nosotros. Miró a James. Cara a cara a ciento once kilómetros por hora. James estaba realmente en apuros. Todo fue extraño, divertido y deprimente a la vez. Sabíamos que este encuentro muy cercano con la ley nos iba a costar algún dinero. James detuvo el vehículo, y nuestros hijos miraron con asombro al gigantesco oficial que venía hacia nosotros.

—Usted sabe que estaba usando un teléfono celular —manifestó el policía de modo casual.

—Así es, oficial —concordó James—. Estaba usando mi teléfono celular y no tenía puestos mis auriculares. Lo siento mucho.

—Gracias por ser sincero. No muchas personas son sinceras estos días. Su sinceridad lo va a salvar.

James y yo siempre bromeamos sobre una vez, hace años, cuando le hicieron detenerse en una tranquila carretera rural de Virginia por exceso de velocidad, y el nombre del policía era Oficial Justicia, y no estoy bromeando. Y aquel día el hombre hizo cumplir la justicia. ¡Pero en esta ocasión en California conocimos al *Oficial Misericordia*!

Desde ese encuentro con el Oficial Misericordia, James ha utilizado sus audífonos. A veces es necesario el brazo de la ley, o algo igual de irritante, para hacernos volver al sendero correcto.

Haz un inventario

La fase del servicio activo de la maternidad es un tiempo tan ajetreado que podemos dejar de hacer un balance de lo que estamos ejecutando bien y lo que no. No existen policías de mamás que nos ponen una multa cuando nos descarriamos. ¿Quién, en esta era digital, tiene tiempo de reflexionar? La vida es un constante "¡Corre! ¡Corre!". No obstante, hacer un inventario de nuestra vida hogareña puede ayudarnos a detectar problemas antes que estos crezcan. Debemos utilizar el botón de reinicio y volver a empezar. Dannah Gresh dice:

> Enloqueceremos si no nos recuperamos. La maternidad es un período como ningún otro en la vida. Nunca hay tiempo natural de restablecimiento. En realidad, no hay tiempo de inactividad para que hagas un inventario y expreses: "¿Cómo me va?". Tomar tiempo para esto puede proporcionarte un espíritu de "¡Bravo muchacha! Esta semana todo salió bien".
>
> Recuerdo haber leído un libro sobre la oración escrito por Fern Nichols. Me sentí confrontada respecto a cómo gestionaba algo con mis hijos. Yo sabía que debía regresar y solucionarlo. Fue un instante de restablecimiento. Ese tiempo de oración o café para rendir cuentas a una amiga te da tiempo para recordar y decir: "No lo hice demasiado bien". Se me da bien decirles a mis hijos que lo siento. Si no nos tomamos el tiempo de reiniciar en oración o de rendir cuentas a otra persona, la vida es demasiado atareada y nunca lo haces.[32]

Comprométete a revisar periódicamente y con sinceridad tu desempeño como madre. Esto podría significar reunirte con otra amiga cada semana para orar la una por la otra. O tal vez tu ritual a la hora de acostarte debería ser revisar en tu mente: *¿Qué fue bien hoy? ¿Qué salió mal? ¿Hay algo que habría preferido hacer de un modo distinto?* No te quedes atrapada en la trampa de luchar por la perfección, pero tampoco debes caer en una vida de mediocridad.

Kathi Lipp encontró algunas amigas que la ayudaron a reiniciar sus actitudes respecto a sus hijos adultos:

> Yo siempre había formado parte de un grupo de Mamás en Oración cuando mis hijos eran más pequeños. Sin embargo, cuando ya eran adultos, descubrí que todavía necesitaba sincerarme con un par de amigas. Al principio éramos tres escritoras

---

32. Entrevista con Dannah Gresh.

cuyos hijos parecían comportarse perfectamente. Sin embargo, en cuanto dijimos "las cosas no están yendo demasiado bien por aquí", nos dimos cuenta de que estábamos en la misma barca. Iniciamos un grupo al que llamamos Club de Malas Madres. Cuando atravesábamos una situación complicada, nos animábamos y orábamos unas por otras. Nos recordábamos mutuamente las buenas cosas de nuestros hijos y de las pocas probabilidades existentes de que se unieran a una secta.[33]

Tómate tiempo para animar a otra madre a hacer buenas obras, para darle un abrazo cuando esté agobiada, y para ser una comunicadora social sincera. Si una amiga de confianza te confronta con algo que debes cambiar, no pongas excusas. Cuando te humilles y presiones el *botón de reinicio* en tu vida, Dios te levantará.

~~~~~

MENSAJE DE JANET THOMPSON
PARA LAS MADRES SOLTERAS

Encuentra una cristiana piadosa a la que admires y de quien desees aprender. Busca a alguien que desee orar por ti y darte sabiduría cuando pases momentos difíciles. No estás buscando una madre o una abuela para tus hijos, sino a alguien que simplemente esté ahí para apoyarte y guiarte. Encuentra familias cristianas que te inviten a ti y a tus hijos para que puedan experimentar cómo es una familia cristiana. No te asustes ni pienses: *Ahora que estoy sola no tengo nada que hacer con matrimonios y familias.* Cualquiera que sea la etapa de vida en que te encuentres, pregúntate: ¿Quién me está aconsejando y quién puede ser mi guía? Usa las cosas que te están sucediendo como madre para ayudar a otra persona que esté experimentando algo similar.[34] ✦

Hola, ¿cómo me va?

He aquí unas pocas preguntas que puedes hacerte con regularidad: *¿Me comunico bien?* ¿Hablas con tus hijos de una manera que conecta con ellos? ¿Es tu tono generalmente duro, sarcástico, tímido, amoroso, suave, feliz o estresado? Familiarízate con el libro *Los cinco lenguajes del*

---

33. Entrevista con Kathi Lipp.
34. Entrevista con Janet Thompson.

amor, de Gary Chapman, y aprende a hablar en el principal lenguaje de amor de tu hijo. Los cinco lenguajes son el toque físico, palabras de afirmación, actos de servicio, regalos, y tiempo de calidad.[35] *¿Estoy estimulando la obediencia?* No quieres exasperar a tu hijo siendo incoherente con la disciplina. Si un día se libra de las consecuencias, y por la misma infracción lo castigas al día siguiente con una semana sin salir, crecerá con desprecio por la autoridad. Esto se traducirá en problemas en su caminar con Dios. En tu casa es donde tu hijo está aprendiendo, principalmente, el hábito de la obediencia o la desobediencia.

¿Tengo algo más que buenas intenciones? Podemos sustituir las buenas intenciones y el conocimiento por acción. Por ejemplo, compramos un libro sobre perder peso y tenemos buenas intenciones de comer saludable y hacer ejercicio. Pero si no *hacemos* nada, nuestras buenas intenciones no significan gran cosa. Tendemos a juzgarnos por nuestras buenas intenciones, pero a los demás lo hacemos según su comportamiento. Sé una madre de acción. Las buenas intenciones no son suficientes.

¿Estoy dando a mis hijos suficiente vitamina No? Es necesario que establezcas límites apropiados o, de lo contrario, te enfurecerás y tus hijos se descontrolarán. La palabra *No* no es en modo alguno una palabra mala que podría aplastar el espíritu de tu hijo. Es una palabra hermosa que le permite adquirir carácter ("No, no puedes ver eso"), seguridad ("No, no puedes montar tu bicicleta sin ponerte casco"), sabiduría ("No, no puedes unirte al equipo porque nuestro horario ya está lleno") y respeto ("No, porque lo digo yo").

¿Estoy sonriendo o frunciendo el ceño? Si mi hijo fuera a describirme, ¿me representaría sonriendo o frunciendo el ceño? Toma la decisión consciente de sonreír cuando saludas a tu hijo por la mañana, cuando le recoges de la escuela, cuando te habla de su día, en las comidas y a la hora de acostarse. Aunque no desees hacerlo, ofrece a tu hijo la cortesía, el consuelo y el resplandor de tu sonrisa.

Tú tienes la llave

Una vez por semana sudo en una clase interior de ciclismo, en el garaje de un entrenador en mi vecindario. Una mañana, al regresar a casa, la puerta del garaje de mi casa estaba cerrada. Yo no tenía la llave. No tenía mi teléfono. Lucy estaba conmigo, montada en su bicicleta con ruedas auxiliares. Y yo tenía mi período.

---

35. Gary Chapman, *Los cinco lenguajes del amor* (Miami: Editorial Unilit, 1996).

Me hallaba muy enojada con James por cerrar esa puerta. ¡Qué inconveniente! Empezamos a caminar hacia la casa de mis padres, a unos diez minutos de distancia… cuesta arriba. Mientras resoplaba y empujaba la bicicleta de Lucy hasta la casa de la abuela, el Espíritu Santo me dio un codazo, y tuve esta conversación en mi mente: *¿Por qué deberías estar enojada con James? Él no cerró la puerta para dejarte afuera. James pensó que tú tenías la llave. ¡La próxima vez recuerda llevar tus llaves!*

Podría haber llamado a James (cuando por fin llegué a casa y dispuse de mi teléfono) para descargar mi amargura sobre él. Pero comprendí que mi difícil situación era totalmente por culpa mía.

¿Sabes una cosa, mamá? Cuando dejamos de culpar a otros o a las circunstancias por nuestros problemas y nos responsabilizamos sencillamente de lo nuestro, nos liberamos para hacer algo al respecto. Asume la responsabilidad por tus propias acciones y pulsa el botón de reinicio cuando sea necesario. Tú tienes la llave hacia el cambio positivo. Enfrenta tus temores de madre con fe, y actúa como si las respuestas estuvieran en camino.

Inyección de energía para hoy

¿Cómo vas a hacer un inventario de tu vida de madre? ¿Una cita para tomar café con una amiga, o te preguntarás al final del día? El botón de reinicio siempre está ahí, ¡por eso sigue adelante con esperanza y úsalo!

Oración de hoy

Señor, tú eres un Dios poderoso y misericordioso que puede tomar mis errores como madre y usarlos para bien. Conforma mi carácter para que pueda ser la madre que quieres que sea. Perdona mis pecados y ayúdame a reconocer al instante cuándo tengo que enderezar las cosas contigo y con mis hijos. Gracias porque hoy puedo empezar con una hoja en blanco.

ToniFicada

OriEntada en la acción

Ligada a la oración

I

Z

Día 15

Dios, no Google

Alzaré mis ojos a los montes; ¿de dónde vendrá mi socorro?
Mi socorro viene de Jehová, que hizo los cielos y la tierra.

SALMOS 121:1-2

El hijo de mi amiga tenía un tumor en la pierna. Preocupada, lo llevó al médico para que lo examinara. Mi amiga me dio el término médico de la condición, que me pareció algo incomprensible. Al llegar a casa me senté frente a la computadora para consultar el término médico y aprender más al respecto. Cuando afrontamos un problema, a menudo recurrimos a Google en busca de la respuesta. Si tu hijo tiene una tos que simplemente no cesa, buscas respuestas médicas en línea. Si estás abrumada por la tensión nerviosa, buscas "cómo hacer frente al estrés", y lees artículos de organizaciones de salud y de revistas populares sobre cómo manejar el estrés. Aunque buscar información en línea no tiene nada de malo, sí lo tiene que recurramos a Google antes que a Dios.

El versículo al principio de la lectura de hoy no dice: "Alzaré mis ojos a mi teléfono inteligente; ¿de dónde vendrá mi socorro? Mi socorro viene de Google, el poseedor de toda información". En esta era digital se nos pueden cruzar los cables. Las respuestas a los problemas de tu familia no se encuentran en páginas de inicio ni en los buscadores en línea. Las respuestas están en las antiguas páginas de la Palabra de Dios, en la fuente de la sabiduría misma.

¿Dónde reside la sabiduría?

James tiene todo tipo de formas divertidas de contestar el teléfono, principalmente diseñadas para desanimar a esas llamadas de telemárketing. Uno de sus famosos saludos es: "¿Tú tienes las preguntas? ¡Nosotros tenemos las respuestas!". Por lo general, con eso consigue que la persona que llama, y a la que no deseamos contestar, cuelgue bruscamente. No obstante, la única persona que en realidad puede usar este saludo con sinceridad es Dios. Para usar una descripción vívida, cuando Dios levanta el teléfono en respuesta a tu clamor, puedes imaginarlo respondiendo lleno de entusiasmo: "¿Tienes las preguntas? ¡Yo tengo las respuestas!". Una mamá que conozco tiene un letrero en su puerta principal que reza así: "Buenos días, soy Dios. Estaré encargándome de todos tus problemas hoy". Me gusta eso. La mamá feliz sabe que sus batallas le pertenecen al Señor y que su cuerda salvavidas es la oración. Cuando la mamá feliz necesita sabiduría, acude primero a Dios y a su Palabra, en oración. Google viene en segundo lugar (o tercero o cuarto).

Santiago 1:5 dice: "Si alguno de vosotros tiene falta de sabiduría, pídala a Dios, el cual da a todos abundantemente y sin reproche, y le será dada". En otras palabras, cuando tu bebé grita o tu adolescente se rebela, pide sabiduría a Dios. Ten una conversación con tu Padre celestial, y Él te dará sabiduría para tu vida hogareña. Aquí tienes algunos versículos sobre el valor de la sabiduría:

> Mejor es la sabiduría que las piedras preciosas; y todo cuanto se puede desear, no es de compararse con ella (Pr. 8:11).

> Adquirir sabiduría es amarte a ti mismo; los que atesoran el entendimiento prosperarán (Pr. 19:8, NTV).

> La sabiduría te librará del camino de los malvados, de los que profieren palabras perversas (Pr. 2:12, NVI).

> Ama a la sabiduría, no la abandones y ella te dará su protección (Pr. 4:6, DHH).

> Con sabiduría se edificará la casa, y con prudencia se afirmará (Pr. 24:3).

> El principio de la sabiduría es el temor de Jehová; los insensatos desprecian la sabiduría y la enseñanza (Pr. 1:7).

Kathi Lipp nos anima a elegir ciertos versículos que nos hablan, y a leerlos una y otra vez. Ella manifiesta:

> La oración no cambia a Dios, pero me cambia a mí en gran manera. Me ayuda a aceptar lo inaceptable. Me ayuda a amar

a mis hijos cuando no son dignos de ser amados. Me ayuda a confiar en Dios cuando todas las circunstancias son poco confiables.[1]

Cuando necesitas ayuda para entender tu vida o paciencia con ese niño que te irrita, es el momento de ponerte a orar. No vayas primero a la columna del consejero o al psicólogo. Pide a *Dios* una dosis de sabiduría. Las Escrituras nos dicen una y otra vez que el temor del Señor es el principio de la sabiduría. Ese temor no significa tener miedo de hablar con Dios, como si Él estuviera esperando con un garrote para atacarnos. El temor del Señor es una reverencia profunda y respeto por su nombre. Es saber que estamos en la presencia de un Dios santo y justo que nos pide cuentas por nuestros pensamientos y nuestras acciones. Significa reconocer que Él es Dios, y no nosotros. Cuando tememos al Señor, la sabiduría es un hermoso subproducto.

Dependencia en datos

Este pequeño tirano está, probablemente, en tu bolso o tu bolsillo. Solo tiene unos cuantos centímetros de ancho y tal vez nunca esté a más de unos pocos metros de distancia de ti. Sí, es tu teléfono. Un estudio descubrió que, en promedio, la gente usa sus dispositivos móviles 150 veces al día.[2] Un estudio mundial realizado por Cisco Systems sugiere que nueve de cada diez personas menores de treinta años padecen de "nomofobia", el temor a quedar desconectados de sus aparatos.[3] Confiamos en los datos de nuestros teléfonos para tomar decisiones. Con el teléfono a nuestro alcance revisamos el clima, el tráfico y las novedades de la escuela. Tenemos más confianza y mayor control… y al parecer menos necesidad de Dios.

Piénsalo. ¿Podrías pasar todo un día sin hablar con Dios? Es muy probable. ¿Podrías pasar todo un día sin tu teléfono celular o algún acceso a la Internet? ¡Vaya! Eso lastimaría más, ¿verdad? Siempre dependemos de nuestros rastreadores de calorías, de los mensajes en las redes sociales, de las listas discográficas, los mensajes de texto y los correos electrónicos.

---

1. Entrevista con Kathi Lipp.

2. Mary Meeker, "Internet Trends Report", All Things D, mayo 2013, http://allthingsd.com/20130529/mary-meekers-Internet-trends-report-is-back-at-d11-slides/. (consultado el 22 de febrero, 2015).

3. "Nomophobia, the Fear of Not Having a Mobile Phone, Hits Record Numbers", junio 2, 2013, www.news.com.au/technology/nomophobia-the-fear-of-not-having-a-mobile-phone-hits-record-numbers/story-e6frfro0-1226655033189 (consultado el 2 de febrero, 2015).

En lugar de nutrir la dependencia del Divino, estamos alimentando una dependencia de los datos. Hablamos con Dios de vez en cuando, a nuestra conveniencia, pero necesitamos nuestros teléfonos y dispositivos veinticuatro horas al día, siete días a la semana. Vivir como madre en un mundo digital puede ser algo frenético, vertiginoso y abrumador. Estar todo el día constantemente en línea no es tranquilizador. Según el Grupo Barna, más de siete de cada diez adultos admiten estar abrumados por la cantidad de información que necesitan para estar actualizados.[4] Debemos separarnos de Google y descansar en Dios.

Hay incluso estudios que muestran que quienes pasan mucho tiempo cerca de la naturaleza presentan mayor atención y una memoria más fuerte. Sus cerebros son más apaciguados y perspicaces.[5] Recuerda las palabras del salmista: "Alzaré mis ojos a los *montes*". No tienes que esperar hasta las vacaciones para experimentar el efecto tranquilizador de la naturaleza. Puedes pronunciar una oración de cinco minutos caminando alrededor de tu vecindario, o simplemente mirar por la ventana mientras hablas con el Creador de todo. Existe una riqueza que únicamente el silencio y la quietud ofrecen, pero en nuestro mundo de mensajes de texto de 140 caracteres rara vez tenemos paciencia para esperar en Dios.

Hoy día nuestros ídolos no son becerros de oro ni imágenes de madera, sino teléfonos, tabletas, computadoras portátiles y grabadoras digitales. Por supuesto, la tecnología debe y puede usarse para bien en tu vida de madre. Pero si sigues con la creciente dependencia de las personas en la tecnología, no necesitarás a Dios tanto como necesitas Wi-Fi.

Empezar de nuevo

¿Revisas tu teléfono a primeras horas de la mañana? Si es así, eres como el 40% de todos los adultos y el 56% de la generación del milenio.[6] Oí a Sheila Walsh hablar de algo sencillo que puedes hacer en vez de esto. Lo primero que hace en la mañana es decir: "Buenos días, Padre". Cuando usé este saludo, me di cuenta de algo hermoso. De igual manera que les digo buenos días a mis hijos, que les preparo su desayuno y que les reviso sus mochilas, Dios se encarga de mí. Mi Padre celestial

---

4. Jun Young y David Kinnaman, *The Hyperlinked Life: Live with Wisdom in an Age of Information Overload* (Grand Rapids, MI: Zondervan, 2013), p. 24.

5. Susan Strife y Liam Downey, "Childhood Development and Access to Nature", Centro Nacional de Información sobre Biotecnología, www.ncbi.nlm.nih.gov/pmc/articles /PMC3162362/ (consultado el 22 de febrero, 2015).

6. Young y Kinnaman, *The Hyperlinked Life*, p. 57.

también prepara mi día. Cuando dices: "Buenos días, Padre", puedes oírle decir: "Buenos días, hija mía". A diario tienes la oportunidad de empezar de nuevo. Fija primero tu atención en Dios antes de hacerlo en tu teléfono. ¿Cómo te conviertes, pues, en una madre más devota? No te preocupes, no es necesario despertarte a las cuatro de la mañana ni tener un diploma en Biblia. Simplemente empieza amando a Dios y con el deseo ferviente de comunicarte con tu Padre celestial. La escritora Stormie Omartian no comenzó como una experta en oración. Sencillamente reconoció su urgente necesidad de orar como madre, e hizo algo al respecto. En *El poder de los padres que oran* escribe:

> Aprendí a identificar toda ansiedad, todo temor, toda preocupación, o todo escenario posible que viniera a mi mente como recordatorio del Espíritu Santo para orar por ese aspecto en particular. Al cubrir en oración a [mi hijo] Christopher y entregarlo en las manos de Dios, el Señor liberó mi mente de esa ansiedad particular. Esto no quiere decir que una vez que yo oraba por algo nunca volviera a orar al respecto, sino que al menos por un tiempo me sentía liberada de esa carga. Cuando volvía a emerger en la superficie, yo volvía a orar por ello. Dios no prometió que no le sucedería nada malo a mi hijo, pero orar liberó el poder de Dios para actuar en su vida, y yo pude disfrutar de más paz en el proceso.[7]

¿Necesitas más paz como madre? No la hallarás tratando de sosegar tus inquietudes en la Internet. Se encuentra poniendo tus cargas a los pies del Dios que cuida de ti. Tú eres su hija preciosa. Él está esperando hablar hoy contigo, y a diferencia de la mayoría de nosotras, Dios no tiene ninguna prisa.

~~~~~~~~~~~~   **Inyección de energía para hoy**   ~~~~~~~~~~~~

Mañana cuando despiertes, empieza el día diciendo: "Buenos días, Padre".

---

7. Stormie Omartian, *The Power of a Praying Parent* (Eugene, OR: Harvest House Publishers, 2014), pp. 17-18. Publicado en español por Editorial Unilit con el título *El poder de los padres que oran*.

Oración de hoy

Señor, mi ayuda viene realmente de ti, el Creador del cielo y de la tierra. Perdóname por confiar en Google para obtener respuestas. Entiendo que tú eres la fuente de sabiduría. Enséñame cómo orar de manera eficaz por mí misma y por mi familia. Dejo mis preocupaciones a tus pies. Por favor, lléname hoy de tu paz.

Día 16

¡Auxilio, quiero ser una mamá que ora!

Derrama como agua tu corazón ante la presencia del Señor;
alza tus manos a él implorando la vida de tus pequeñitos.

Lamentaciones 2:19

Si quieres aprender a cocinar, puedes comprar un libro de recetas fáciles o ver algunos programas de cocina. ¿Necesitas ayuda con tu ropero? Hay un sinfín de revistas de moda y sitios web, asesores de vestuario y tiendas de ropa de diseño en oferta. Aunque preparar deliciosas comidas es, sin duda, una ventaja, y lucir lo mejor posible es algo bueno, hay una habilidad de madre incluso más importante: la *oración*.

Quise ayuda para mi vida de oración, así que le pregunté a Fern Nichols, fundadora de Mamás en Oración, sobre su propia experiencia como madre que ora. Mamás en Oración es un ministerio de madres en más de 140 naciones, que se reúnen en grupos pequeños para orar por sus hijos y sus escuelas.[8] Este ministerio internacional comenzó en el corazón de una madre angustiada al enviar a sus hijos a la educación secundaria. Fern se dio cuenta de que ahora más que nunca necesitaba a Dios, y que sus hijos precisarían mucha oración protectora. Así oró ella: "Señor, debe haber una madre que sienta lo mismo y que venga a mi casa a orar conmigo". Dios trajo a la mente de Fern una mamá amiga, a la que llamó de inmediato. El Señor había preparado a la amiga, porque ella contestó rápidamente: "¡Sí, debemos juntarnos para orar!". Así es cómo se inició este ministerio internacional hace más de treinta años, con dos mamás comunes y corrientes que necesitaban esperanza y paz al enviar a sus hijos a la escuela.

Mateo 18:19-20 declara: "Otra vez os digo, que si dos de vosotros se pusieren de acuerdo en la tierra acerca de cualquiera cosa que pidieren,

---

8. Para aprender más acerca de Mamás en Oración, visita http://www.momsinprayer.org/es/.

les será hecho por mi Padre que está en los cielos. Porque donde están dos o tres congregados en mi nombre, allí estoy yo en medio de ellos". Hay poder al orar por tus hijos con otra mamá o con un grupo de madres. El poder está en el acuerdo y en la unidad. Tal vez te sientas intimidada por orar en voz alta con otras mamás. ¿Y si no sabes qué decir? O aun peor, ¿y si dices algo equivocado? ¿Y si las otras madres oran mejor que tú? Lee las consoladoras palabras de Fern:

> A una madre que teme decir algo equivocado le digo que piense tan solo en un niño de tres o cuatro años de edad que está tratando de expresar algo a su mamá, y simplemente no dice lo correcto. Sin embargo, la madre oye y entiende. Ella desea que el hijo hable sin importarle cuánto pueda mezclar el pequeño sus palabras. Lo que Dios está buscando es sinceridad de corazón. Sin importar cómo expresemos nuestras ideas, Él entiende. Lo que me encanta acerca del Espíritu Santo es que toma nuestro murmullo, sin que sepamos cómo expresarlo con exactitud, y se lo dice de modo perfecto al Señor.
>
> Cuando Jesús nos ordenó orar, no nos ordenó hacer algo que nos dañara. Sabía que la oración desarrollaría una relación de amor más profunda con Él. De eso trata la oración. Es la comunión con el Dios que nos ha salvado. Él quiere amarnos y bendecirnos. El mayor beneficio de la oración es llegar a conocer a Dios y confiar en Él.

Ven con tus necesidades

Me uní al grupo de Mamás en Oración cuando Ethan estaba en primer grado. Él va a la escuela pública y yo quería cubrir en oración su pequeña vida. En una reunión pedí a las madres que oraran porque encontrara un amigo cristiano allí. Al día siguiente, Ethan me contó emocionado: "¿Sabes qué? Encontré un amigo cristiano en mi escuela". Un chico estaba cantando "Al mundo paz, nació Jesús", y Ethan le preguntó si era cristiano. Él contestó que sí. El niño no solo estaba en la clase de Ethan sino que se sentó a su lado. Dios contesta las oraciones.

Fern Nichols cuenta una historia parecida de oración contestada. Su nieto estaba a punto de comenzar el primer grado y había tenido una pesadilla en la que no podía encontrar el comedor escolar, y esto hizo que se preocupara aún más. El grupo de Fern oró para que el niño no tuviera temor el primer día de escuela y para que Jesús estuviera exactamente allí con él. Ese día Fern recibió una foto de su nieto con seis amigos sonriendo ampliamente. Dios se preocupa por un niño pequeño y su almuerzo. A medida que nuestros hijos crecen, nuestras peticiones de oración se vuelven más serias. Pasamos de "Señor, ayuda a mi hijo a aprender a atarse los cordones" a "Señor, protege a mi hijo de todo tipo de pornografía, drogas y malas amistades". Si como mamás no estamos orando por nuestros hijos, ¿quién lo hará? Tal vez una abuela, pero el aspecto fundamental sigue siendo: la oración importa, y tu hijo necesita que *tú* le pidas a Dios que intervenga en su vida todos los días. Jesús está esperando que te acerques a Él con tus necesidades. Fern declara:

> Estamos agobiadas. Tenemos cargas profundamente dolorosas: nuestra economía, nuestro hogar, nuestros hijos o nuestro esposo. Oye la voz de Jesús diciéndote: "Oh hija mía, ven a mí. Estás muy cargada, pero yo quiero hacerte descansar. ¿Echarás esa carga sobre mí? Yo puedo manejarla. Puedo encargarme de ella". Cuando nos dice que echemos nuestras cargas sobre Él, lo dice en serio.
>
> Cuanto más confiemos todo esto a Jesús, más podremos caminar en la seguridad de que Dios es el bendito controlador de todo. No debemos preocuparnos ni irritarnos. Cuando nos preocupamos, no sabemos qué hacer con nuestros problemas. Esto afecta a toda la familia, porque si mamá no es feliz, nadie lo es. Una mamá que ora brinda al hogar un ambiente alegre, pacífico y acogedor. Incluso en los momentos en que la situación no es color de rosa y las respuestas no llegan, aún puede haber profundo gozo y satisfacción al saber que Dios tiene el control. Descubrimos que, cuando oramos por nuestros hijos, ¡Dios *nos* moldea![9]

La oración es tan fácil como contar 1-2-3-4

Mamás en Oración utiliza los cuatro pasos siguientes al orar. Tú también puedes incorporarlos en tu oración personal.

Paso 1: Alabanza. Alaba a Dios por quien Él es. Toma un atributo de Dios que se encuentre en la Biblia y exáltale en oración por ello. Por ejemplo, podrías leer Génesis 14:19, que dice así: "Bendito sea Abram del Dios Altísimo, creador de los cielos y de la tierra". Luego puedes

---

9. Entrevista con Fern Nichols.

orar: *Señor, te alabo, porque eres el Dios Altísimo, el Creador de los cielos y de la tierra.*

Paso 2: Confesión. En un grupo puedes tener un tiempo de confesión en silencio. Por tu cuenta puedes confesar tus pecados de manera silenciosa o en voz alta. En 1 Juan 1:9 se nos dice que si confesamos nuestros pecados delante de Dios, Él nos perdonará.

Paso 3: Acción de gracias. Agradece a Dios por la oración contestada y su provisión para tu familia.

Paso 4: Intercesión. Hay más de siete mil promesas en la Palabra de Dios y tú puedes reclamarlas para tus hijos. Orar las Escrituras es esencial y eficaz. Puedes tomar un versículo e insertar el nombre de tu hijo. Por ejemplo, utiliza Romanos 12:12 (NVI): *Padre, oro porque (el nombre de tu hijo) se alegre en la esperanza, muestre paciencia en el sufrimiento, y persevere en la oración.*

¿Ves? No es difícil, ¿verdad? Desde que he orado usando estos cuatro pasos, mi nivel de confianza y paz como madre ha aumentado rápidamente. Sé que cuando mis hijos afrontan algo en la escuela, como un amigo canalla o un concurso de oratoria, todo va a resultar bien porque he orado al respecto con otras mamás.

Tu Padre celestial está esperando oír tu voz, que es un dulce sonido para sus oídos.

Inyección de energía para hoy

Visita el sitio web de Mamás en Oración, https://momsinprayer.org/es/. Si tienes un hijo en la escuela, ve si existe un grupo de mamás que ya esté orando por tu escuela, inscribiéndote en el sitio web.

Oración de hoy

Señor, quiero ser una mamá que ora. Gracias porque has oído mis oraciones. Te pido que (inserta el nombre de tu hijo) sea un pacificador que plante semillas de paz y coseche un fruto de justicia (Stg. 3:18). Oro porque (inserta el nombre de tu hijo) haga todo sin murmuraciones ni contiendas, de tal modo que pueda ser irreprensible y sencillo como un hijo de Dios que vive en un mundo de gente corrupta y pecadora (Fil. 2:14-15).

Día 17

Ora cuando tus hijos se estén descontrolando

De una sangre ha hecho todo el linaje de los hombres, para que habiten sobre toda la faz de la tierra; y les ha prefijado el orden de los tiempos, y los límites de su habitación; para que busquen a Dios, si en alguna manera, palpando, puedan hallarle, aunque ciertamente no está lejos de cada uno de nosotros.

HECHOS 17:26-27

Mi amiga Rhonda Rhea y su esposo tuvieron cinco bebés en siete años. Ella dice en broma que el Señor reunió a los ángeles a su alrededor, señaló la familia de Rhonda, y declaró: "Muchachos, ¡observen esto! ¡Va a ser realmente divertido!". Como cuando Rhonda salió a cenar con su esposo, dejando a su hijo de catorce años de edad a cargo del hogar. Durante la cita, ella recibió una llamada de su hija de doce años de edad.

—Mamá ¿con qué se saca la sangre de la alfombra? ¿Debo usar detergente o lejía?

—No hagas nada y aléjate de la alfombra —instruyó Rhonda—. ¿Qué pasó?

Tuvieron que ir al hospital, porque uno de los chicos se había caído por las escaleras y necesitaba algunos puntos de sutura.

La vida familiar está llena de cosas inesperadas. Cuando crees que todo va bien, el teléfono suena, el gato deambula por la sala cubierto de pudín, y tu bebé vomita en la caja de los juguetes (así es, eso también le sucedió a Rhonda).[10]

Ya sean problemas de conducta, desastres que limpiar, opciones destructivas o problemas de salud, nuestros hijos pueden descontrolarse. La definición de este verbo es "no actuar correctamente, ser desorganizado, errático o demente".[11] ¿Te suena?

---

10. Entrevista con Rhonda Rhea.
11. www.thefreedictionary.com/haywire (consultado el 10 de diciembre, 2014).

No estás sola

Cuando nació nuestro primogénito, nos referíamos a él, con amor, como "el bulto". Ethan era como un saco de papas que no se movía ni un centímetro a menos que lo ayudáramos. Ese bulto era poco más de tres kilos de puro cielo en la tierra... bueno, hasta que lloraba y enloquecía, algo que ocurría muy a menudo.

Recuerdo cuando Ethan tenía unas seis semanas de vida y lloraba sin cesar en su cuna en el piso de arriba. Yo tenía abiertos todos mis ajados libros sobre ser padres, extendidos a lo largo de la mesa de la cocina. ¿Tenía hambre? ¿Estaba mojado? ¿Debía sostenerlo en brazos? ¿Tenía demasiado calor o frío? Subí fatigosamente las escaleras y, en el momento en que llegué a la puerta de su alcoba, el volumen aumentó algunos decibelios. Me acerqué a la cuna y permanecí al lado de mi pequeño bulto que lloraba a todo pulmón.

"¿Qué te pasa, pequeño?", pregunté.

Para mi total sorpresa, Ethan dejó de llorar inmediatamente. Sus ojos cafés como galletas de chocolate se conectaron con los míos. Su cuerpo se relajó y se fundió con las sábanas. Parpadeó algunas veces, luego cerró los ojos. Lenta y cautelosamente salí de la habitación, deteniéndome en el pasillo para ver si la diatriba comenzaría de nuevo. No fue así. Unos minutos después me asomé para descubrir a mi bulto profundamente dormido.

Esa fue la primera vez que recuerdo que Ethan se tranquilizara simplemente con mi presencia. No hubo necesidad de alimentarlo ni cambiarle el pañal. No tuve que prender ni apagar la calefacción. Ni siquiera tuve que sostenerlo ni tocarlo. Lo único que el pequeño necesitaba era la certeza de que no estaba solo.

Los niños no son los únicos que necesitan sentirse acompañados. Las mamás debemos saber que no estamos solas, especialmente cuando nuestros hijos están gritando como locos.

Kathi Lipp escribe en su libro *I Need Some Help Here!* [¡Necesito un poco de ayuda aquí!]:

Una de las frases más poderosas en el idioma español es "¡Yo también!". Nos ayuda a descubrir quién es nuestra gente. Algunas de mis amigas más cercanas comenzaron como conocidas que, una vez que sus hijos se descarrilaron, se convirtieron en mi ejército de madres. Mis compañeras de armas más cercanas...

Sé que tus hijos no siempre harán las cosas como a ti te gustaría que las hicieran. Tu bebé tendrá rabietas. Tu hijo en edad escolar será desafiante. Tu preadolescente será irrespetuoso. Tu adolescente agarrará berrinches (sí, es triste que volvamos a lo mismo). Y el mío también. Es más o menos como una garantía de la maternidad: tu hijo te partirá el alma.

Sin embargo, tengo otra garantía para ti. Una vez que tus hijos te han partido el alma, Dios puede usar ese quebrantamiento para seducirte a que seas la clase de madre que Él necesita que seas. Simplemente debes estar dispuesta a entregárselos. Él hará el trabajo duro de restaurarte, porque tú eres su hija.[12]

Cuando tus hijos no están resultando según el plan, ve directamente al Creador y ora al respecto por ellos. Entrégaselos a Dios y permite que Él haga la obra de restauración. La Biblia declara en Salmos 55:22:

Echa sobre Jehová tu carga, y él te sustentará; no dejará para siempre caído al justo.

Busca a otras madres piadosas que puedan apoyarte a lo largo de los tiempos difíciles de la maternidad. Cuando Karen Ehman tenía un mal día, llamaba a su amiga Micca Campbell, quien expresaba uno de los dichos de su abuela: "A veces debes dejar de hablar de Dios a tus hijos y empezar a hablar de tus hijos a Dios". Karen comprendió:

Si lo único que hago en ocasiones es predicar, predicar y predicar a mis hijos apuntando con el dedo, ellos no me escuchan. A veces debo estar callada y hablar a Dios respecto a mis hijos. Desgasto más las rodilleras de mis jeans ahora que cuando mis hijos eran más jóvenes. Cuando ellos eran pequeños, yo los educaba en casa y siempre los tenía al alcance de la vista. Es triste decir que ese tiempo fue probablemente cuando mi vida de oración fue peor. ¿Por qué orar? Yo lo tenía todo bajo control. Todos estaban alrededor de la mesa. Pero cuando los chicos crecieron, las cosas estaban menos bajo mi control.[13]

---

12. Kathi Lipp, *I Need Some Help Here! Hope for When Your Kids Don't Go According to Plan* (Grand Rapids, MI: Revell, 2014), pp. 19, 28.

13. Entrevista con Karen Ehman.

¿Has pensado alguna vez que la falta de control que estás experimentando podría ser algo realmente bueno, porque te motiva a depender de Dios? Por mucho que odiemos admitirlo, no estamos a cargo. Desde luego lo descubrí un día común y corriente de primavera.

En Él vivimos

Me hallaba sentada en mi escritorio, tecleando en la computadora con Lucy, de dos años, balbuceando a mi lado. Pensé: *Los chicos mayores estarán por llegar de la escuela en cualquier momento*. Ellos venían con James, en bicicleta. Justo comencé a grabar el balbuceo de Lucy como recuerdo, cuando sonó el teléfono. Era James. "A Ethan lo golpeó un auto. Estamos cerca de casa. Agarra a Lucy y ven". Yo podía oír a Ethan gritando en el fondo.

Recogí rápidamente a Lucy y, temblando, me dirigí a la furgoneta. Al bajar por nuestra calle y girar en la esquina, vi bicicletas al lado de la vía y algunos autos retrocediendo. Oí las sirenas de la policía acercándose. Un pequeño grupo de personas se agolpaba en la acera. No podía creer que yo fuera la mamá que estaba entrando en este escenario.

Allí estaba mi Ethan, tendido en la calle, llorando. No sangraba, ni parecía gravemente herido. Le dije que no se preocupara, que Dios estaba con él. Los paramédicos llegaron, le pusieron un cuello ortopédico, y lo colocaron en una camilla. Él siguió llorando suavemente todo el tiempo.

Las cosas empezaron a desarrollarse muy rápido. James se fue en la ambulancia con Ethan. Yo iba detrás en mi auto con Noelle y Lucy.

El oficial de policía quiso examinar la bicicleta de Ethan, que estaba destrozada. Luego declaró: "Cuando oímos que se trataba de una bicicleta contra un auto, sencillamente nos sobresaltamos de temor debido a lo que esto puede significar".

El conductor del auto no tenía la culpa. Ethan había dado un amplio giro a la derecha, esperando que la calle estuviera libre, pero no fue así. Cuando el conductor vio a Ethan, de inmediato pisó el freno, pero no antes de que el niño chocara contra el parachoques delantero. Tal vez si ese conductor hubiera circulado un poco más rápido, o si no hubiera frenado bruscamente, se habría escrito una historia distinta. Con toda seguridad, la historia habría sido diferente si Ethan no hubiera llevado puesto el casco.

Yo sabía que iba a haber mucho papeleo y mucha espera en el hospital, así que me desvié un poco en el camino para comprarle a Ethan un juego de LEGO. ¿Puedes imaginarme parada en la fila mientras mi hijo iba camino del hospital en una ambulancia? Parece como un uso absurdo del tiempo, pero quería crear un recuerdo en mi hijo de que cuando suceden cosas malas, Dios puede sacar algo bueno de ello (como obtener un juego nuevo de LEGO).

Qué sorpresa llegar al hospital, regalo en mano, y ver un Ethan sonriente arrastrando los pies alrededor del cuarto como un anciano atrapado en el cuerpo de un niño de siete años de edad. Él se rió de su viaje en ambulancia y de cómo no pudo ver nada, porque todo el tiempo miraba al techo. Llevaba puestos pantalones deportivos del hospital que terminaron costando una pequeña fortuna (por no mencionar el viaje en ambulancia). Pero aparte de algunas contusiones, no había nada grave. Ningún hueso fracturado. No había lesiones cerebrales ni hemorragia interna.

No puedo expresar el alivio que sentí cuando Ethan se metió en su propia cama esa noche, sano y salvo. Por primera vez sentí el peso del versículo en Hechos 17:28: "Porque en él vivimos, y nos movemos, y somos". La vida de Ethan pudo haber terminado o pudo haber quedado gravemente alterada ese día. Como madres, no podemos controlarlo todo en la vida de nuestros hijos. Ese control está reservado solo para un Dios soberano. *Solo en Él* viven nuestros hijos, se mueven, y tienen su ser.

Nuestro trabajo como mamás consiste en asegurar que nuestros hijos se pongan el casco para bicicletas. Más allá de eso, puede suceder cualquier cosa. Es por eso que oramos a un Dios que ve. Cada respiración nuestra es por la gracia de Dios. Él tiene el control, incluso cuando los niños se descontrolan.

~~~~

UN MENSAJE PARA MADRASTRAS DE PARTE DE LAURA PETHERBRIDGE

Como al crecer tuve dos madrastras, creí que sabría cómo ser yo misma una de ellas. ¡Fue un pensamiento ingenuo y erróneo! Aprendí en el primer año de joven cristiana que si esta familia compuesta iba a sobrevivir, sin que nadie acabara muerto o lesionado (o sin que yo terminara con un overol naranja de presa) debía empezar a orar de verdad: *Señor, ayúdame a ver a estos niños a través de tus ojos. Ayúdame a verlos por medio de su sufrimiento, no de mi dolor. Ayúdame a recordar cómo fue ser hija de padres divorciados. Utiliza ese sufrimiento infantil en mi propia vida para tu gloria, de modo que yo pueda ser una influencia piadosa para estos niños que están sufriendo.*

La oración fue mi esperanza. Aunque me sentía herida, irritada o rechazada, oré para poder reaccionar como Cristo lo hizo. Con el tiempo, mis oraciones se transformaron en acción de gracias. *Gracias, porque el único regalo que puedo dar a estos dos jovencitos es el ejemplo de cómo es un matrimonio sano y estable. Permíteme ser una ilustración de cómo una mujer debería tratar a su esposo, de modo que ellos lo vean en sus propios matrimonios.*[14] ✦

Inyección de energía para hoy

Toma la carga de las malas decisiones de tus hijos sobre tus hombros y colócala en los de Dios. No puedes vivir la vida de tu hijo, pero puedes orar para que él o ella obedezcan la Palabra de Dios y vivan.

Oración de hoy

Señor, tú tienes un plan para mi hijo. Tú estás en control. Cuando mi hijo (o hija) no haga lo que deseo, dame sabiduría como madre. Concédeme paciencia cuando quiera reaccionar con ira. Muéstrame cómo se ve mi hijo a través de tus ojos. Confío en que tú hagas que todas las cosas obren para bien en la vida de mi hijo.

---

14. Entrevista con Laura Petherbridge.

Cómo aprovechar al máximo las oraciones improvisadas

Tú mirarás a la oración de tu siervo, y a su ruego,
oh Jehová Dios mío, para oír el clamor y la
oración con que tu siervo ora delante de ti.

2 Crónicas 6:19

Era domingo por la mañana y mis hijos estaban enfermos en casa. Sintiéndome especialmente creativa, escogí una historia de la Biblia sobre Noé, dibujos de animales para colorear, animales de peluche, y un CD de música. Les dije a los niños que yo necesitaba cuarenta minutos para ducharme y prepararme. Ethan, que tenía como cinco años, estaba obsesionado con nuestro nuevo cronómetro en forma de cubo al que se podía hacer girar en cuenta regresiva cinco, quince, treinta o sesenta minutos. Como no había una designación para cuarenta minutos, decidió fijarlo en cinco minutos y hacerlo girar una y otra vez.

¡Bip, bip! ¡Bip, bip! Yo quería arrojar el aparato por la ventana después de la cuarta vez que se apagó. "Ethan, ¡deja de usar ese cronómetro!", grité desde mi baño. En lugar de tomar una ducha relajante, había conseguido estar toda nerviosa. Pensamientos negativos inundaron mi mente. *Mis hijos me están volviendo loca. ¿Qué vamos a hacer todos encerrados y enfermos en este día lluvioso? Estoy muy cansada.* Disparé una oración hacia el cielo. "Señor, ayúdame. No me apetece enseñar la Biblia. Lo siento, no voy a ser paciente con mis hijos". Me pregunté cómo había pasado tan rápido de ser maestra de escuela dominical a ser una pecadora.

No obstante, tras aquella corta pero sincera oración me invadió una sensación de paz y tranquilidad. Mi actitud hacia los niños (y hacia ese bullicioso cronómetro) cambió. Tuvimos iglesia doméstica sobre Noé, completa con coloreado, música y obras teatrales y, en realidad, fue divertido. Recuerdo haber pensado: *¡Vaya, las oraciones improvisadas funcionan!*

Dispara tus oraciones al cielo

Cuando tus hijos son pequeños, podría ser poco realista imaginarte sentada en una habitación tranquila, con la luz del sol filtrándose mientras sorbes tu café y escribes en tu diario de oración. Karen Ehman recuerda que solía lamentarse al respecto. Ella tenía un bebé, un niño pequeño, y estaba educando en casa a un chico de primer grado. Karen no tenía los momentos libres en su día de los que disponían sus amigas con hijos en escuelas públicas o privadas. Ella recuerda:

Debí apartar la mirada de esa otra mamá, porque me sentía celosa cuando ella manifestaba: "En cuanto arrancó el autobús escolar, me preparé una taza de café para dedicarme a mi estudio bíblico. Pasé hora y media en la lección". Yo la miraba, pensando: "¿Bromeas? Yo oro entre mordiscos, sorbos, tragos y toallitas húmedas".

Tenía que ser creativa y tratar de ser madre y actuar espiritualmente al tiempo que realizaba diversas tareas. Solía ir a un restaurante de comida rápida y dejar que mis hijos jugaran en la piscina de bolas durante una hora larga. Llevaba mi Biblia y tenía mi momento de tranquilidad exactamente en medio de ese ruidoso restaurante. O ponía versículos bíblicos en tarjetas y las pegaba en el auto. Tenía que hacer pequeños fragmentos de seis o siete mini-sesiones a lo largo del día, lo que deseaba que fuera una larga hora de estudio bíblico en la mañana.

Tuve que aprender que no me era posible tener este tiempo de silencio con Dios, con una taza de café, imagen perfecta digna de Instagram. Nunca hay tiempo para dejar en espera nuestra vida espiritual. Sencillamente debemos ser creativos y flexibles.[15]

A lo largo del día puedes susurrar oraciones de una sola frase y dispararlas al cielo. Después de un tiempo de oración con Noelle, a la hora de dormir, cuando ella tenía cinco años, me dijo que ella oraba durante todo el día.

—Eso es muy bueno, Noelle —comenté—. ¿Cuándo oras?

—En la escuela, en el baño, al caminar. A veces susurro.

—¿Qué es lo que dices? —le pregunté.

---

15. Entrevista con Karen Ehman.

—Jesús, te amo. Eres la mejor persona que conozco. Te alabo. Te adoraré toda mi vida.

¡Cielos, las lecciones que podemos aprender de nuestros hijos! Ojalá yo pudiera recordar decirle a Jesús esas cosas a lo largo del día. Fern Nichols aconseja lo siguiente respecto a alabar a Dios:

> Una madre, rodeada de pequeños, puede levantarse diez minutos antes y meditar en un atributo de Dios. Si no acabas tus súplicas, no te preocupes. A lo largo del día puedes disparar solicitudes de ayuda. Pero lo realmente agradable de este tiempo de inicio es que puedes empezar tu día sabiendo que Dios está contigo en ese atributo. Cuando te centras en un rasgo de Dios, esto te proporcionará estabilidad a lo largo del día, porque tu mente estará en ese Dios al que acabas de alabar.[16]

He aquí un par de características de Dios para ayudarte a empezar:

Dios es omnipotente: Él es todopoderoso y poseedor de autoridad y poder ilimitados.

> ¿Quién en los cielos se igualará a Jehová? ¿Quién será semejante a Jehová entre los hijos de los potentados? Dios temible en la gran congregación de los santos, y formidable sobre todos cuantos están alrededor de él (Sal. 89:6-7).

Dios es fiel: Él es constante, leal, confiable, firme, inquebrantable, dedicado, veraz y responsable.

> Conoce, pues, que Jehová tu Dios es Dios, Dios fiel, que guarda el pacto y la misericordia a los que le aman y guardan sus mandamientos, hasta mil generaciones (Dt. 7:9).

Cuanto más bíblica se vuelva tu oración, más eficaz y significativa será. Algo que me gusta de estar en un grupo de mamás es que cada semana oramos versículos bíblicos para nuestros hijos. Sé que hay poder en nuestra oración. Formar parte de un grupo semanal de oración pone

---

16. Entrevista con Fern Nichols.

la oración en mi calendario y asegura que se haga. Puedo vivir elevando oraciones instantáneas, como las palomitas de maíz, pero es bueno tener una comida con amigas una vez por semana en un tipo de oración más centrada por nuestros hijos.

Dannah Gresh nos recuerda que cada mamá es diferente. Necesita mucha organización para sentir que está siendo proactiva. Por tanto, escribe versículos bíblicos en notas adhesivas y las pone en el espejo de su baño para que le recuerden que debe orar esos versículos por sus hijos.[17] Sin embargo, algunas madres podrían sentir que escribir versículos en una nota adhesiva es demasiado rígido. Son más libres de espíritu y prefieren simplemente orar en voz alta según se sientan dirigidas.

No te dejes atrapar por fórmulas, deberes y prohibiciones. Simplemente saca tiempo en tu vida diaria para hablar con Dios, leer su Palabra y orar por tus hijos. Podrías escuchar la Biblia mientras trabajas u orar mientras caminas. Podrías orar por cada niño pronunciando su nombre mientras doblas su ropa lavada. Podrías orar por tu familia mientras estás de pie ante el fregadero de la cocina. Usa la mayor parte de tus momentos intermedios para hablar con Dios y busca también tiempo en tu horario para orar.

Cuando estás en un hoyo, ora

Era una tarde soleada en San Diego, y caminábamos por Sunset Cliffs, junto a la costa. James y Noelle siguieron un sendero más difícil, mientras Ethan, Lucy (de dieciocho meses de edad) y yo nos dirigimos hacia un camino más fácil. Descubrimos que el camino de tierra se hundía sesenta centímetros junto a un gran hoyo que debía atravesarse antes de regresar al sendero. Pensé que lo tenía todo bajo control, pero cuando bajé el pie, se me dislocó el tobillo y caí dentro de ese agujero, agarrada a Lucy. Los ángeles debieron haberla rodeado porque la pequeña no recibió ni un rasguño o contusión por esa caída. Absorbí el impacto con mi hombro. Las manos recibieron arañazos. Y no podía mover el tobillo derecho.

Ethan, que tenía seis años, miraba petrificado.

—Estoy bien —le dije aunque también estaba azorada—. Solo me lastimé el tobillo. Vamos a estar bien. Simplemente grita pidiendo ayuda.

—¡Auxilio! ¡Auxilio! —comenzó a gritar a todo pulmón.

---

17. Entrevista con Dannah Gresh.

—¡James! —vociferaba yo en medio de los gritos del niño.

—¡Papito! —chillaba Lucy.

Pero nadie nos oía y nadie acudió.

Entonces oré: "Señor, envía a alguien que me saque de este hoyo". Esa fue la primera vez que recuerdo haberme sentido totalmente indefensa como madre. Me hallaba tendida de espaldas agarrando a Lucy, sin poder levantarme por mi cuenta. Nos hallábamos vulnerables y solos en medio de un sendero. Estábamos contando con Dios. Pasaron algunos minutos, y entonces una mujer oyó los gritos de Ethan pidiendo ayuda y nos localizó. Ella sacó a Lucy del hoyo, y luego comenzó a jalarme.

—Ven a ayudar, Ethan —pidió ella, y pensé: *Vaya, ¿cómo sabe ella el nombre de mi hijo?* Pero se refería a su Ethan, un muchacho de secundaria que apareció y me levantó.

Cinco minutos después aparecieron James y Noelle. Gritamos y agitamos frenéticamente los brazos como los pasajeros varados en la Isla de Gilligan. Llegamos a la sala de urgencias, y afortunadamente el pie no se me había fracturado, solo se había torcido. Escribí algunas lecciones en mi diario después de ese día de ocio que se malogró:

- Permanece junto a tu familia. No te separes. Hay fortaleza en mantenerse juntos.
- Cuando estás en un hoyo, conserva la calma. Ora y pide la ayuda de Dios. Él la enviará, quizás en formas insólitas.
- Sé paciente con el proceso.

Tal vez te encuentres en tiempo de crisis en tu familia. Cuando te ves en un agujero, ora. Grita a todo pulmón: "¡Papito!". Dios oirá tu oración y vendrá enseguida. Él escucha tus oraciones improvisadas. Cada una es importante para Él.

Inyección de energía para hoy

Piensa en tu rutina diaria. ¿Qué lugares puedes adecuar para elevar oraciones improvisadas? ¿Durante tus viajes o cuando preparas alimentos? ¿Durante los primeros diez minutos en la mañana?

Oración de hoy

Señor, eres un Dios fiel y poderoso. Gracias por escuchar mis oraciones, sean cortas o largas. Según afirma Salmos 141:2: "Suba mi oración delante de ti como el incienso, el don de mis manos como la ofrenda de la tarde".

Día 19

Hacia el infinito y más allá

Alumbrando los ojos de vuestro entendimiento, para que sepáis
cuál es la esperanza a que él os ha llamado, y cuáles las riquezas
de la gloria de su herencia en los santos, y cuál la supereminente
grandeza de su poder para con nosotros los que creemos.

EFESIOS 1:18-19

M e hallaba desayunando con los niños. Acababa de leer Jonás 3:3, que dice: "Se levantó Jonás, y fue a Nínive conforme a la palabra de Jehová".

—¿No habría sido mejor para Jonás obedecer al Señor inmediatamente en lugar de ser lanzado al mar y que se lo tragara un gran pez? —pregunté, sintiéndome una madre buena a punto de impartir una sabia lección espiritual—. Este profeta pudo haber evitado todo ese sufrimiento y ese terror solo con haberle dicho que sí a Dios en primera instancia.

—Yo preferiría pasar por todo el problema —opinó Ethan, para mi sorpresa—. De esa manera sabes con certeza que *tienes que* hacer lo que Dios dice. Lo que el Señor le encomendó a Jonás era difícil. Yo hubiera querido asegurarme de que fuera realmente Dios quien estuviera pidiéndome que fuera a Nínive.

¡Qué divertido, pero cierto! A veces tenemos que aprender por las malas para obedecer al Señor… y esto es también lo que les pasa a nuestros hijos. La historia de Dios es diferente para cada uno de nosotros. Mira lo que pasó en otra conversación durante el desayuno, probablemente después de ver *Aladino*.

—¿No sería fantástico tener un genio? —exclamó Ethan—. Yo conocería el futuro. Podría prepararme en cero segundos. Podría conseguir un millón de boletos para la tienda en la iglesia.

—Sí —añadí riendo—, ¡y yo utilizaría a mi genio para mantenerlos a todos más tiempo en la cama!

—Pero entonces, si tuviéramos un genio —caviló Ethan—, nos perderíamos la historia.

Sabiduría de la boca de bebés. Si Dios actuara como un genio mágico en tu vida, te perderías la aventura de su glorioso despliegue, del que habla Steven Curtis Chapman en su canción "El glorioso despliegue". Tus oraciones por tus hijos, desde que son bebés hasta que tienen la cabeza llena de canas, serán usadas para desplegar una historia magnífica que solo Dios puede escribir. Tienes a tu lado a alguien mejor que un genio. Incluso podrías decir que tienes un espía.

El espía que está a tu lado

Cuando su hija adolescente obtuvo su primer teléfono inteligente, una amiga mía se sintió inspirada por el Espíritu Santo a revisar dicho dispositivo. Al levantarlo quedó atónita al ver un mensaje de texto de un muchacho que invitaba a la hija de mi amiga a tener relaciones sexuales. Gracias a que esta madre interceptó ese mensaje de texto, y tuvo una conversación franca con su hija (después de ponerse delante de Dios en oración), la muchacha permaneció pura. El Espíritu Santo intervino en esa familia de forma específica para salvar del pecado y de la muerte a esa hija.

Si escuchas, el Espíritu Santo te hará saber cuándo algo va mal con tus hijos. Él te dará las palabras que debes decir cuando no estás segura de cómo responder. Karol Ladd recuerda los altibajos del colegio a los que se enfrentan sus hijas. Un día alguien es tu amiga y al día siguiente eres su enemiga. Karol explica:

> Cuando al recogerlos de la escuela están llorando, porque alguien los abandonó en el almuerzo, existe una oportunidad de susurrar una oración. *Señor, dame la sabiduría para saber qué decir ahora.* A veces, solo tenemos que escuchar. En otras ocasiones hay un buen mensaje que transmitir. Otras veces solo podrían necesitar un abrazo.

Una de las hijas de Karol estaba teniendo dificultades en la universidad. Mientras Karol conducía para ir a buscarla, oraba para que el Señor le diera exactamente las palabras correctas que debía pronunciar. En su corazón y su mente, Karol sabía que el Señor le estaba diciendo que sencillamente debía abrazar a la chica. Pero esa no era la respuesta que Karol estaba esperando.

> Pensé: *Señor, ¡no, no! Tengo muchas cosas buenas que decirle.*
> Pero seguí sintiéndome impactada: tan solo abrázala. Por tanto,

expresé: *Está bien, Señor, confiaré en ti. Te he pedido sabiduría y voy a confiar en que esto es lo que me estás diciendo que haga en esta ocasión.* Así que cuando encontré a mi hija, simplemente la abracé. Ella se deshizo en mis brazos. Lloró y lloró. Lo único que podía expresar era: "Mamá, esto es exactamente lo que necesitaba. No necesitaba oír tus palabras, tan solo sentir tu abrazo". Pensé: *¡Oh Señor, gracias!* Él me dio lo que yo necesitaba: su sabiduría de lo alto. La mía no era tan grande. La sabiduría de Dios va mucho más allá de lo que yo podía pedir o imaginar.[18]

Juan 14:26 explica: "El Consolador, el Espíritu Santo, a quien el Padre enviará en mi nombre, él os enseñará todas las cosas, y os recordará todo lo que yo os he dicho". Tienes al Espíritu Santo de tu parte para ayudarte como madre. No eres la única que vigila a tu hijo.

Haz de tu hijo un Daniel

Cuando Pam Farrel estaba embarazada de su primer hijo, Brock, oró así: *Dios, dale la fe de un Daniel. Concédele el valor de representarte, incluso el valor de permanecer fiel solamente a ti. Conviértelo en un firme testigo de luz en este mundo de tinieblas. Dios, que muchas personas lleguen a conocerte a causa de la vida de este pequeño.*

En el colegio, Pam vio la respuesta a esa oración de muchas formas evidentes. Activo en su fe, Brock celebraba reuniones en las que hablaba de Cristo. Como resultado, al final de su primer año de universidad treinta y cuatro de sus amigos habían entregado su vida a Cristo. Brock ayudó a inaugurar en el colegio un club de la Comunidad de Atletas Cristianos para ayudar a que esos amigos crecieran en su fe. En el campamento del club, Brock fue retado a buscar maneras de ser más franco en el recinto universitario. Recordó haber oído informes de que la Corte Suprema había restringido a los jugadores de fútbol americano que pronunciaran una oración antes de un partido en Texas. El joven decidió tomar una posición al respecto. Pam escribe en *The 10 Best Decisions Every Parent Can Make* [Las diez mejores decisiones que todo padre puede tomar]:

Brock llamó a sus compañeros de equipo y los retó:
—Esta semana, después de derrotar a Fallbrook voy a ir a la línea de las cincuenta yardas a orar. ¿Quieren unirse a mí?

---

18. Entrevista con Karol Ladd.

Voy a llamar a todos los muchachos y a los demás miembros del club. Por tanto, ganemos o perdamos, ¿puedo contar con que ustedes estarán en las cincuenta?

—Seguro que sí. ¡Estaremos allí por ti, compañero! —contestaron todos.

Aquella mañana, en el grupo de Mamás en Oración, comuniqué el plan de Brock a las madres, y oramos por todos los muchachos, como solíamos hacer antes de cada partido. Se esperaba que ese adversario fuera el más difícil al que se enfrentaran en toda la temporada, y así fue. El equipo de Brock perdió 38 a 0. Después del partido, el equipo salió desanimado y desilusionado. Con la cabeza agachada, los jugadores vagaron sin rumbo hacia el vestuario, pero Brock fue directo a la línea de las cincuenta yardas. Se arrodilló… totalmente solo.

Como madre, el corazón de Pam se dolió al ver a su hijo totalmente solo en ese campo de fútbol americano. Le preguntó a su esposo Bill si debía unirse a él, pero este le aconsejó sabiamente: "¡Un líder del equipo de la universidad no quiere que su madre entre en el campo para ayudarle en nada! Estará bien".

Enseguida, otros tres jugadores del equipo adversario se unieron a Brock en las cincuenta yardas para orar. Pam se dirigió al campo junto a Bill y los hermanos menores de Brock. Sosteniendo el rostro de su hijo entre las manos, manifestó:

"Nunca he estado tan orgullosa de ti como en este momento. Sé que esta noche fue una de las más difíciles de tu vida, que te sientes desilusionado por haber perdido y que tu equipo no se unió a ti en las cincuenta. Pero cumpliste la palabra dada a Dios. El Señor honra a quienes le honran. Brock, no sé cómo ni cuándo, pero Dios te honrará por esto".[19]

Dios no tardó mucho. En el siguiente partido, solo una semana después, había cuarenta muchachos orando en las cincuenta yardas.

Algunos días, nuestros hijos estarán solos en sus convicciones. Otros días estarán dirigiendo un ejército. Nuestro trabajo como madres no consiste en protegerlos de la desilusión ni en organizar resultados perfectos.

19. Bill y Pam Farrel, *The 10 Best Decisions Every Parent Can Make* (Eugene, OR: Harvest House Publishers, 2006), pp. 137, 138.

Nuestro trabajo es orar. La oración a un Dios fiel infunde poder a la crianza de tus hijos, te concede paz y logra lo que tú sola no puedes conseguir. Puedes confiar, sabiendo que Dios ha llevado a tu hijo... hasta el infinito y más allá.

Inyección de energía para hoy

Imagina a tu hijo solo algún día por causa de su fe y de sus valores. En lugar de sentirte nerviosa o asustada por él, imagina al Dios Todopoderoso caminado junto a él. Tu muchacho se encuentra totalmente protegido y no está solo.

Oración de hoy

Gracias, Espíritu Santo, por ser mi Consolador. Oro para que mi hijo sea como Daniel: siempre fiel a su Dios, y valiente y dispuesto a estar solo. Que mi hija sea como Ester: humilde y fuerte, usada por ti para un momento como este. Que mis hijos conozcan la esperanza de tu llamado, las riquezas de tu herencia y tu gran poder en sus vidas.

ToniFicada

OriEntada en la acción

Ligada a la oración

PersIstente

Z

Día 20

Déjame sola, estoy escondida en el baño

El ángel de Jehová se le apareció, y le dijo: Jehová está contigo, varón esforzado y valiente.

JUECES 6:12

Como madre, a veces tu único lugar de consuelo es la habitación más pequeña de tu casa: el baño. Refugiada en el inodoro esperas que nadie te encuentre. Cuando Ethan tenía dos años de edad, le gustaba apagar la luz y cerrar la puerta mientras yo estaba usando el baño. Allí permanecía yo, sentada en la oscuridad con un niño riéndose al otro lado de la puerta. No lo reprendía. Simplemente me quedaba allí, contenta en la oscuridad, porque al menos me hallaba *sola*.

Hay momentos en la maternidad en que te gustaría jugar al escondite… y que te hallaran algunos días después. Kathi Lipp habla sobre su amiga que puso un corralito de juego en la sala, no para sus hijos, sino para ella. Como los niños no paraban de subírsele encima todo el día, ¡ella se metía en el corral donde ellos no podían tocarla![1]

Lo creas o no, podemos hallar consuelo en un renuente guerrero llamado Gedeón, quien también se escondió. Él estaba aventando trigo en un lagar en vez de hacerlo al aire libre. Se estaba escondiendo de sus enemigos, los madianitas. Estos son los antecedentes, en Jueces 6:1-6:

> … Jehová los entregó en mano de Madián por siete años. Y la mano de Madián prevaleció contra Israel. Y los hijos de Israel, por causa de los madianitas, se hicieron cuevas en los montes, y cavernas, y lugares fortificados. Pues sucedía que cuando Israel había sembrado, subían los madianitas y amalecitas y los hijos del oriente contra ellos; subían y los atacaban. Y acampando

---

1. Entrevista con Kathi Lipp.

contra ellos destruían los frutos de la tierra, hasta llegar a Gaza; y no dejaban qué comer en Israel, ni ovejas, ni bueyes, ni asnos.

Porque subían ellos y sus ganados, y venían con sus tiendas en grande multitud como langostas; ellos y sus camellos eran innumerables; así venían a la tierra para devastarla. De este modo empobrecía Israel en gran manera por causa de Madián; y los hijos de Israel clamaron a Jehová.

Si este pasaje se volviera a escribir para las madres de hoy, quizás podría leerse de este modo:

Dios las puso bajo el dominio de bebés necesitados, niños pequeños que se enrabietaban. Lloraban y dominaban a su madre. Por culpa de estos pequeños llorones, descontentos y tercos, las madres buscaban escondites: el baño, la cafetería cercana, o se encerraban en el cuarto de lavar. Cuando las mamás intentaban preparar la comida, los niños causaban estragos en la cocina y en la sala familiar. ¡Tomaban la casa como una invasión de langostas! Y sus juguetes se multiplicaban imposibles de contar. Devastaban el hogar que una vez fue como los diseñados por Martha Stewart. Las madres, reducidas a vestir ropa deportiva y a poner alimentos en bolsitas plásticas todo el día, clamaron a Dios pidiendo ayuda.

El Señor está contigo, poderosa mamá guerrera

Justo en medio del trabajo de Gedeón, mientras sudaba aventando trigo, el ángel del Señor se le aparece y le comenta: "Jehová está contigo, varón esforzado y valiente". Sin duda, al oír esto, Gedeón miraría detrás de sí buscando en las sombras a un superhéroe, porque seguramente *él* no era ese varón.

Dale Carnegie comunica este principio en su libro *Cómo ganar amigos e influir sobre las personas*: "Atribuye al prójimo una buena reputación a la altura de la cual estar. Alienta a los demás. Haz que los defectos parezcan fáciles de corregir".[2]

¿Ves lo que el Señor hizo por Gedeón? Le dio una buena reputación por la que vivir. Dios lo vio como varón esforzado y valiente. Imagínate separando la ropa oscura de la clara en el cuarto de lavar o por el pasillo

---

2. Dale Carnegie, *Cómo ganar amigos e influir sobre las personas* (Bogotá, Colombia: Ediciones Nacionales Círculo de Lectores, 1976), p. 224.

del supermercado y que se te aparece el Señor Jesús y te dice: "El Señor está contigo, madre guerrera esforzada y valiente". Escuchar estas palabras transformaría tu vida.

Así que oye esto hoy: si Dios está contigo, ¿quién puede estar contra ti? Comienza a verte como la guerrera que Dios ha diseñado que seas para que protejas y guíes a tus hijos. Actúa como si fueras una madre fuerte y digna de respeto, no por tu fortaleza, sino por el poder de Dios obrando por medio de ti. Gedeón pasa entonces a preguntar: "Si Jehová está con nosotros, ¿por qué nos ha sobrevenido todo esto? Ahora Jehová nos ha desamparado, y nos ha entregado en mano de los madianitas". Podrías sentir que eres una madre abandonada por Dios, especialmente al final de una larga jornada.

Cuando Ethan tenía unos dos años de edad, lo perdimos a propósito en una megatienda minorista. Como la mayoría de los niños pequeños, él siempre se detenía y miraba todos los trenes o autos. Constantemente lo esperábamos y lo estimulábamos a que nos alcanzara. Pues bien, un día le dimos un giro a la situación. Mientras él se detenía a observar el juguete de Thomas el Tren, seguí caminando con el carrito de las compras. James se metió en el pasillo siguiente. Cuando Ethan alzó la mirada de su amado Thomas, un minuto después, se dio cuenta de que nos habíamos ido. Los ojos se le llenaron de lágrimas y empezó a llorar. Una buena madre empezó a caminar hacia él, pero James captó su atención y la ahuyentó.

Unos treinta segundos después, James levantó a Ethan y le advirtió: "Cuando estás en una tienda, tienes que seguirme, ¿de acuerdo? Aquí hay muchas personas y no queremos que te extravíes. Te estaba observando todo el tiempo, pero quería asegurarme de que entendieras que tienes que seguirme o, de lo contrario, te perderás". Ethan captó el mensaje con total claridad.

Cuando nos sentimos abandonadas por Dios, sería bueno recordar a Ethan llorando en la megatienda. James no abandonó a Ethan; lo estuvo observando todo el tiempo. Fue Ethan quien se distrajo y dejó de mirar a su padre. Un millón de pequeñeces pueden distraernos y hacer que apartemos la mirada de Jesús. No es de extrañar que nos sintamos abandonadas y solas. Pero cuando clamamos a nuestro Padre celestial, Él nos recoge rápidamente y nos dice: "No te preocupes, he estado aquí todo el tiempo. Te acabas de extraviar un poco. Tienes que seguirme, ¿de acuerdo?".

Creo que muchas veces lo entendemos todo al revés. Le decimos a

Jesús: "Esto es lo que estoy haciendo. Por favor, sígueme y ayúdame", en vez de: "Señor, tú vas delante. Te seguiré hoy". Jesús les dice a sus seguidores: "Ven, sígueme", no al revés.

Ve con las fuerzas que tienes

El Señor le dice a Gedeón: "Ve con esta tu fuerza" y el hombre contesta: "Ah, señor mío, ¿con qué salvaré yo a Israel? He aquí que mi familia es pobre en Manasés, y yo el menor en la casa de mi padre". En lugar de ser lo mejor de lo mejor, Gedeón estaba indicando que era lo peor de lo peor.

¿Puedes identificarte con Gedeón? En vez de sentir que has nacido de una larga lista de madres felices y sanas, quizás procedas de una familia disfuncional. La palabra destrozada tal vez ni siquiera se acerque a la realidad. Sin embargo, Dios se deleita en obrar de manera poderosa a través de personas débiles... personas como Gedeón, Rahab y Rut, por nombrar tan solo a unas cuantas de la Biblia. No dejes que tu vida familiar pasada determine la actual. Tienes tu propia historia que escribir.

Cuando tuve a Ethan, no tenía ni idea de cómo sostener a un bebé. Ponía mis manos debajo de sus pequeñas axilas y lo acercaba a mí. Eso era todo. Algunas de mis amigas que ni siquiera eran madres sabían cómo cargar a mi pequeño bulto poniéndolo boca abajo, boca arriba, y luego acunándolo como un balón de fútbol americano. Yo no estaba preparada con conocimientos sobre los bebés ni nací con instintos maternales naturales. Tuve que aprender. Ir adelante con las fuerzas que tenemos significa ir tal como somos. Dios no espera que seamos como la mamá culinaria a nuestra izquierda o la mamá decoradora de interiores a nuestra derecha. Él quiere que vayamos como somos, con todos nuestros puntos fuertes y los débiles, y con un corazón dispuesto a aprender.

Dios te rodeará de personas que pueden ayudarte como una madre, si las dejas. Tener deseos de aprender es un prerrequisito para crecer. Cuando Noelle tenía casi tres años, se ponía histérica cada vez que yo trataba de lavarle la cara. Sacudía la cabeza de izquierda a derecha, se retorcía y se quejaba. Esto me volvía loca. Pero cuando James le lavaba la cara, ella se quedaba perfectamente quieta. Casi echaba la cabeza hacia atrás de forma angelical mientras él la aseaba con facilidad.

¿Cómo consigues que Noelle haga eso? —Me rebajé a preguntarle un día a James—. Ella nunca se queda quieta conmigo.

—Oh, es fácil —respondió James—. Noelle sabe que contigo puede salirse con la suya. Pero sabe que yo no voy a tolerárselo.

Mi primera reacción fue: "¡Bravo, bien por ti!". Pero pensándolo mejor, yo sabía que él tenía razón. Con papá no había tonterías. Él hablaba en serio. Pero mamá... bueno, de ella se puede abusar. Así que, la siguiente vez que nos vimos ante el lavabo, pasé a la ofensiva con nuevas fuerzas recién descubiertas. "Noelle, de ahora en adelante me tratarás igual que a papá cuando te lavo la cara o serás disciplinada". Ella me empujó, yo la discipliné, y nuestra lucha en el lavabo acabó tras unos pocos encuentros como aquel.

Parte de ser una mamá guerrera es humillarse y aprender de otros (incluso de tu esposo). En lugar de esconderte en el baño, en medio de la oscuridad, totalmente despistada, puedes dar un paso hacia la luz de otros que ya hayan vivido esa situación antes que tú. Permite que estas palabras de Karen Ehman te den ánimo:

> Sigue cumpliendo con el deber. Cada día es diferente. Algunas jornadas son espantosas. Otras son maravillosas. En medio del día terrible debes decirte que vendrá un día maravilloso. Según las estadísticas, no todos los días pueden ser malos.
>
> Si estás criando hijos para tu deleite, o si los estás haciendo para que la gente crea que eres asombrosa, solo lograrás hacerlo hasta cierto punto. Luego querrás dejarlo todo plantado. No siempre disfrutas de la crianza de tus hijos. No siempre eres asombrosa impactante. Pero si de verdad dices que lo estás haciendo para glorificar a Dios y para dar a conocer su nombre, esto te ayuda a seguir adelante.[3]

¡Sigue adelante, poderosa mamá guerrera! Pero también recuerda retirarte del campo de batalla. Ve a un retiro de mujeres el fin de semana. Planifica una escapada con tu esposo una o más veces al año. Asiste a un grupo de mamás o a un estudio bíblico sin tus hijos. Después de un tiempo alejada, regresarás con más energía y más centrada como madre y no querrás correr a esconderte en el baño, en cuanto veas sangre.

~~~~~~~~~~ **Inyección de energía para hoy** ~~~~~~~~~~

Adelante. Exprésalo en voz alta: "Soy una poderosa madre guerrera. Dios me ve victoriosa, y yo también".

---

3. Entrevista con Karen Ehman.

Oración de hoy

Señor, gracias por ver una campeona en mí. Gracias, porque nunca me abandonas. Perdóname por salirme a veces de tu camino. Ayúdame a seguirte de cerca y a obedecer las órdenes que me das. Haz de mí una madre poderosa, una guerrera que pelea por su familia.

Día 21

Enfrentamiento con Goliat

Añadió el filisteo: Hoy yo he desafiado al campamento
de Israel; dadme un hombre que pelee conmigo.

1 SAMUEL 17:10

Una tarde de verano, cuando Ethan tenía ocho años, él y James estaban jugando al baloncesto en nuestra entrada contra otro equipo de padre e hijo. Ethan entró en casa chorreando sudor. Le dije que se diera una ducha. Cualquiera habría dicho que le pedí lanzarse a un estanque lleno de caimanes. Se echó a llorar.

—¿Por qué no puedo enjuagarme el rostro solamente? ¡Solo quiero acostarme! —refunfuñó—. ¡Cuando sea adulto, no tomaré *ninguna* ducha!".

—Buena suerte con eso —fue mi respuesta poco compasiva.

Cuando lo arropé esa noche, él seguía enojado.

—Podría haber estado durmiendo ahora mismo, ¡pero me obligaste a tomar una ducha!

Para mi pequeñito, en aquella calurosa noche de verano, Goliat no fue el papá de metro ochenta en la cancha de baloncesto, sino la temida ducha que su madre le hizo tomar. El niño fue retado a obedecer cuando no quería hacerlo.

Los gigantes que nuestros hijos afrontan se hacen mayores a medida que crecen. A los ocho años, Ethan batallaba con la higiene personal. Cuando tenga dieciocho años, creo no equivocarme al decir que el tema será mucho peor. Como mamás, debemos luchar contra el deseo de rescatar a nuestros hijos de todas y cada una de las señales de peligro o de incomodidad. Nuestros hijos deben aprender a enfrentarse por su cuenta a sus propios Goliats.

Un Goliat hecho de arcilla

Dannah Gresh tuvo que enfrentarse a un enorme Goliat cuando era adolescente: el pecado sexual. Al recordar la situación, ahora que es adulta, sabe que para su madre fue terriblemente doloroso observar lo que pasaba. Dannah tenía una mamá que oraba y creía que Dios iba a hacer cosas poderosas en la vida de su hija, a pesar de las equivocaciones de la joven. Dios contestó esas oraciones. Hoy, Dannah escribe y ministra a madres e hijas por medio de su misión Pura Libertad. Enfrentarse a su Goliat ha abierto la puerta para que Dios use su vida y toque la de otros. Dannah afirma:

> Si vas a ser una mamá feliz, debes comprender que Dios les dará a tus hijos sus propios Goliats a los que deberán enfrentarse. Tú quieres que ellos tengan esa imagen de vida perfecta, con las mejores calificaciones y un mejor amigo que ame a Jesús. Deseas que se destaquen en los deportes. Anhelas que no les vaya mal en lo deportivo, en lo académico ni con las amistades. Sin embargo, cuando te fijas en tu propia vida como madre, las áreas en las que Dios más te prueba son, a menudo, aquellas en las que más batallas. Cuando se las entregas a Dios, Él las puede utilizar.

Cuando Lexi, la hija de Dannah, tenía doce años de edad, asistió a una clase de cerámica en un taller artístico. Su instructor era agnóstico, pero a Dannah no le preocupó mucho. Después de todo, se trataba de una clase de cerámica, no de un curso de filosofía. Una noche se hizo evidente que el asunto iba a trascender el arte. La muestra de exhibición en el vestíbulo frontal tenía esculturas de Adán y Eva con aspectos muy sexuales y viles. La muestra incluía una antigua Biblia con todas las palabras tachadas, menos en una página abierta del Apocalipsis. Las tres únicas palabras que no estaban rayadas eran: Dios ha muerto.

Dannah no quiso dejar que Lexi asistiera a la clase de cerámica aquella noche, y pensó que a cambio la llevaría a tomar helado. Pero Dios dijo que no lo hiciera, y claramente le hizo saber que ella podía andar alrededor del edificio orando por Lexi, pero que no la sacara del lugar:

> Caminé alrededor del edificio toda aquella hora, orando por ella. Cuando salió, mi hija de doce años había estado compartiendo su fe de un modo vibrante con la chica mayor de su clase, quien era atea. Lo más importante es que había una chica menor allí que era cristiana y que se sentía aterrada por todo aquello de lo que estaban hablando. Lexi pudo consolarla.

Lo hizo a su propio estilo de doce años de edad. Mi hija me contó que la atea le comentó que no había cielo ni infierno, a lo que Lexi contestó: "Bueno, podrías tener razón, pero si los hay, sé que no voy a ir al infierno". Cuando Lexi subió al auto, se sentía fuerte.

Si no tenemos una constante conversación con el Espíritu Santo respecto a nuestros hijos, nos volveremos mamás paranoicas y legalistas que no les permiten enfrentarse a los Goliats que Dios pone en sus caminos. Cuando tus hijos afrontan cosas que, en realidad, tú quisieras evitarles, puedes confiar en que Dios sabe lo que está haciendo. Sin eso, sería realmente difícil ser una madre feliz en este mundo.[4]

David se enfrentó solo a Goliat. Su confianza estaba en el Dios vivo, y sabía que su causa era justa. Como joven pastor, para proteger su rebaño David contaba con la experiencia de haber matado a un león y a un oso. Sus victorias pasadas le ayudaron a enfrentarse a este gigante. Al igual que David, tu hijo necesita acumular unas cuantas victorias para poder experimentar la fidelidad de Dios. En lugar de intervenir, a veces debes dar un paso atrás y permitir que tu hijo sea independiente.

Cuando tu gigante aparece todos los días

En otras ocasiones te enfrentarás a un Goliat *junto* con tu hijo. Tu gigante podría no estar solo de visita, y traer consigo el equipaje y permanecer durante una temporada. Tal vez sea así como te sientes si tienes un hijo que está luchando con un trastorno de aprendizaje o una discapacidad física. La doctora Jennifer Degler recuerda cuando a su hijo Jake le diagnosticaron inicialmente trastornos de aprendizaje y de déficit de atención con hiperactividad (TDAH).

> Tengo un montón enorme de libros sobre trastornos de aprendizaje y TDAH. Tal vez leí tres libros en veinticuatro horas. Me hallaba totalmente abrumada. Mi esposo llegó a casa y me encontró llorando, rodeada de libros.
> —¡Nunca debimos reproducirnos! —exclamé mirándolo a la cara—. ¿En qué estábamos pensando? Nuestros genes son defectuosos.

---

4. Entrevista con Dannah Gresh.

Yo parecía una loca. Solté todo lo que había en mi mente. Estaba diciendo cosas como que nuestro pequeño hijo iba a tener que trabajar en un lugar de comida rápida toda su vida.

—Cariño, debemos dejar los libros a un lado —declaró tranquilamente mi esposo.

Sin duda resulta útil que una voz razonable nos hable cuando estamos al borde del abismo. Jennifer ha aprendido desde entonces a entrenar su mente para permanecer en el momento, a no preocuparse por cómo se ganará la vida su hijo que ahora va a la guardería, sino de cómo va a aprender a atarse los cordones de los zapatos. A ella le encanta esta cita de Elisabeth Elliot: "El hoy me pertenece. Mañana no es asunto mío. Si escudriño con ansiedad la niebla del futuro, deterioraré mis ojos espirituales y no veré claramente lo que ahora mismo se requiere de mí".[5] Jennifer afirma:

> Cuando tu hijo tiene problemas especiales, es muy fácil mirar con ansiedad la niebla del futuro y preocuparte hasta enfermar por lo que sucederá dentro de diez años. Es probable que si le va bien como preescolar, también sea así en primer grado. No tiene por qué ser capaz de escribir ensayos universitarios cuando tenga cinco años.[6]

No tengas "medo"

Cuando me hallaba en la escuela primaria, le tenía miedo a una chica de mi clase. Yo era flaca. Ella era robusta. Yo era alta. Ella era más alta. Yo era tímida. Ella era impulsiva. Yo era inteligente y usaba lentes. Ella era deportista. ¿Captas la idea? Para estar en paz con ella, yo le rascaba el brazo en clase. Ella se sentaba frente a mí, echaba el brazo atrás hacia mi escritorio, y se suponía que yo debía rascárselo a petición. Lo chistoso es que, con el tiempo, nos volvimos amigas.

Los gigantes se presentan bajo todas las formas y tamaños. Dios sabía que nos enfrentaríamos a gigantes y sentiríamos temor. Cuando Noelle tenía unos cuatro años, su atormentador, según puedes imaginar, era su hermano mayor. Un día, ella le escribió una valiente nota que decía: *No te tengo medo Ethan.*

---

5. www.goodreads.com/quotes/1321824-today-is-mine-tomorrow-is-none-of-my-business -if (consultado el 3 de febrero, 2015).

6. Entrevista con la Dra. Jennifer Degler.

Él tomó la nota y con gran bravuconería la rompió en dos. Como madre escritora confisqué rápidamente la nota rasgada a fin de conservarla como referencia futura. Así que recuerda: cuando un gigante te amenace o amenace a tu hijo, Dios está de tu parte. Escríbelo para que el mundo lo vea: "¡No te tengo "medo", Goliat!"

Inyección de energía para hoy

¿A qué Goliat se está enfrentando hoy tu hijo? ¿A qué gigante le tienes miedo?

Oración de hoy

Señor, tú dices en Salmos 50:15: "Invócame en el día de la angustia; te libraré, y tú me honrarás". Te estoy invocando ahora, Señor, para que liberes a mi hijo de los gigantes a los que se enfrente hoy. Podrán ser gigantes invisibles de los que ni siquiera estoy enterada. Ayuda a mi hijo a permanecer contigo. Fortalece su fe. Libérame también a mí de mis Goliats. Sé que responderás esta oración. Alabado sea tu poderoso nombre.

Día 22

Se requiere ser insensible

No temáis delante de ellos; acordaos del Señor,
grande y temible, y pelead por vuestros hermanos,
por vuestros hijos y por vuestras hijas, por
vuestras mujeres y por vuestras casas.

Nehemías 4:14

"Lucy, ¿me acabas de cortar el cabello?".

Yo estaba sentada, cavilando en mis propios asuntos, escribiendo en mi computadora. Lucy se había colocado detrás de mí con su taburete. Me estaba usando como muñeca de tamaño natural, peinándome el cabello, poniéndole horquillas y trenzándolo. De repente, ¡oí un *tijeretazo*!

Me giré y vi a mi estilista preescolar sosteniendo un par de tijeras y tres centímetros de mi cabello. Se quedó petrificada al verse sorprendida con mi cabello en la mano. Evidentemente sabía que había hecho algo terriblemente malo, porque su rostro mostraba conmoción y pavor.

—¿Te sientes mal por haberme cortado el cabello y quieres llorar, no es así? —pregunté.

Lucy comenzó a sollozar. Pensé: *Bien, al menos tiene remordimiento.* Gracias a Dios tengo mucho cabello y el daño no se notaba. Le dije que no se preocupara y que yo sabía que ella nunca volvería a hacer eso.

Otra mañana me quité varios rulos calientes del pelo. Lucy se quedó mirándome.

—¡Eso se ve *horrible*! —exclamó con gran sentimiento—. Lo siento mucho por ti.

Desde el principio de tu día de cabello estropeado hasta la punta de tus agotados pies, la maternidad puede ser un asunto difícil que requiere insensibilidad.

No más blandenguerías

Las madres se han ganado la reputación de ser unas blandengues en la casa. Somos personas sentimentales y de corazón suave a las que niñas y niños necesitados pueden manipular. Sin duda hay un lugar para esta ternura maternal, pero el problema yace en su uso excesivo. Muchas veces, nuestros hijos necesitan dureza, no ternura. Cuando las niñas no están en la escuela, les encanta ir conmigo a mi clase de ejercicios. Noelle se despertó temprano y estaba más que preparada para unirse a mí, pero Lucy estaba perdiendo tiempo en el desayuno y no se había cepillado los dientes. Noelle y yo nos dirigimos a la puerta sin ella. La niña se puso a llorar.

—¡Por favor, mamita! ¡Por favor, mamita! ¡Déjame ir! —exclamaba, mientras nos seguía por el garaje, llorando en el camino de entrada—. Por favor, por favor ¡déjame ir!

¿Puedes imaginar lo que hice? Sí, me fui sin ella. Lucy tuvo que quedarse en casa con James. Yo sabía que la experiencia de dejarla sería una poderosa maestra. Si ella quería ir, tendría que estar lista antes. En la clase, una de las madres me preguntó dónde estaba Lucy. Le conté respecto a los clamores y las súplicas de la niña en el camino de entrada.

—¡Oh, yo no podría haber hecho eso! —comentó mi amiga—. La habría traído. Ahora mismo voy por ella.

¡Alerta de blandenguería! En el momento es fácil ceder a las lágrimas de nuestros hijos en lugar de mantenernos firmes.

Como cuando Ethan me dijo:

—¡Eres la peor de las madres!

El chico estaba teniendo una de sus rabietas, porque se nos estaba haciendo tarde para una de sus actividades favoritas: cena en casa de Babo y Nana. (Cuando Ethan era bebé, no podía pronunciar "abuelo", por lo que decía "babo", y así se quedó.) Los niños iban a bañarse a casa de mis padres, después de cenar. Pero entonces, Noelle dijo que quería bañarse en casa, e imaginé que eso les ahorraría un poco de esfuerzo a mis padres.

Ethan enloqueció.

—¡Ella va a hacernos llegar tarde si se baña antes de irnos!

Él resolló y resopló, convirtiendo rápidamente mi feliz hogar en una zona de guerra. Con tranquilidad hice que Ethan se sentara.

—No puedes arruinar la noche de todos los demás, porque estés furioso —le advertí.

—Nací de mal humor —contestó.

Cuando llegó el momento de que el malhumorado de ocho años de edad se subiera al auto, le dije que más le valía despojarse de su enojo cuando se bajara del auto, porque, de lo contrario, sus hermanas irían donde Nana y él regresaría a casa. Eso fue lo que provocó la declaración del inicio de la historia.

—¡Eres la peor de las madres! —horrible declaración seguida de una amenaza—. Quisiera que no fueras a la cena. Me gustaría que pudieras teletransportarte a casa y que desaparecieras.

Eso dolió. Le dije categóricamente que *mis* padres también *me* habían invitado a cenar. Cuando la puerta de la casa se abrió, actué como si no hubiera ocurrido nada fuera de lo común. Más o menos un minuto después, Ethan volvió a comportarse. Creo que el pollo *teriyaki*, el pan de masa fermentada y el postre le ayudaron a entrar en razón, junto con su mala madre. Después de la cena, Ethan me invitó a participar en un juego con todos los demás.

—No, no tengo que jugar —manifesté—. Sé que no quieres que yo esté aquí.

—Eso no es verdad —contestó—. Pero supongo que lo dije antes.

Él sabía que había actuado mal. Una gran disculpa habría sido más agradable, pero fue suficiente para mí en ese momento. John Rosemond en *The Well-Behaved Child* [El niño que se porta bien] escribe un mensaje de ánimo para nosotras las malas madres:

> Se trata de ser padres "malos", pero no estoy hablando de ser crueles, odiosos, rencorosos ni sádicos. Me refiero a decir lo que piensas y a pensar lo que dices. En ese sentido, uno de los mayores elogios que tu hijo puede decirte es que eres "malo" o "mala".[7]

Otras malas madres

A veces no solo debes ser insensible para soportar lo que tu hijo te dice; hay ocasiones en las que necesitas tener un exterior de cuero duro para las cosas malas que otras madres dicen. Rhonda Rhea recuerda el reto de criar a sus niños como hijos de pastor. Los chicos se estaban criando en una pecera, bajo vigilancia, y llevaban una vida familiar frente a una audiencia.

---

7. John Rosemond, *The Well-Behaved Child: Discipline That Really Works* (Nashville, TN: Thomas Nelson Publishers, 2009), p. 28.

Una vez se me acercó una señora.

—Tu hijo hizo esto y aquello. Sabes que yo habría esperado más del hijo del pastor.

No me enojé.

—¿Sabes qué? —dije con el tono más tranquilo y agradable posible—. Es tan solo un niño. Y apreciaría que lo dejaras ser sencillamente un niño, porque ser hijo del pastor no le da ninguna dispensación especial de gracia. ¡Esto no lo hace incapaz de pecar como tampoco lo hace conmigo el ser la esposa del pastor!

—Sabes que en realidad nunca había pensado de ese modo —contestó ella.

Esa mujer terminó siendo una defensora mía. Dio a conocer el mensaje: "Dejen que el hijo del pastor sea un niño". No siempre las cosas resultan así. Algunas personas van a ser cretinos al respecto. Pero la respuesta blanda es la divina. Podríamos sentir la tentación de rayarles posteriormente los autos a quienes se comportan así, pero esa quizás no sea la mejor manera… ¡Ja![8]

Tú conoces el poder de las palabras. Úsalas cuidadosamente con tus hijos y con otras madres. Sé cautelosa y celosa para proteger tus palabras, pero, por otra parte, sé compasiva y perdonadora cuando alguien diga algo que te irrite. En su libro *Keep It Shut* [Mantenla cerrada], Karen Ehman escribe:

> Lysa TerKeurst es la presidenta de Ministerios Proverbios 31, la organización para la cual escribo y hablo. Ella elaboró una guía maravillosa para todas nosotras cuando interactuamos unas con otras juntas en el ministerio. Lysa declara que cuando tratemos con otras personas, debemos creer lo mejor antes de suponer lo peor. De ahí que al surgir un conflicto que nos haga irritar, no debemos llegar automáticamente a la conclusión de que la otra persona pretende agraviarnos, sino que debemos darle el beneficio de la duda. No supongamos lo peor, sino más bien creamos lo mejor en cuanto a los motivos que otros tengan.[9]

8. Entrevista con Rhonda Rhea.
9. Karen Ehman, *Keep It Shut: What to Say, How to Say It, and When to Say Nothing at All* (Grand Rapids, MI: Zondervan, 2015), pp. 92-93.

Así que la próxima vez que sientas cómo te desmoronas ante la crítica de una madre mala; en vez de ello ponte de rodillas. Pídele a Dios que te ayude a perdonar a quienes te han herido y a oír las críticas que son válidas y útiles. Trata de tener una piel gruesa y un corazón tierno.

No te rindas

Me encanta la historia que Fern Nichols cuenta acerca de la voluntad de una madre para luchar y no rendirse, cualquiera que sea el costo. Mientras estaba de vacaciones con su familia en una casa de playa, una niña pequeña salió corriendo al océano, a nadar. Su madre estaba vigilando desde la casa y vio a la distancia la aleta de un tiburón. Frenéticamente corrió hacia su hija, gritándole que nadara hacia la playa. Justo cuando la madre llegó donde su hija, el tiburón atacó, agarrando las piernas de la chica; la mamá se aferró del brazo de su hija y no permitió que se la llevara. El tiburón de dos metros de largo era mucho más fuerte, pero la madre no soltó a la niña. Un pescador que se encontraba cerca oyó los gritos de la madre, sacó un rifle, y le disparó al tiburón.

La pequeña sobrevivió. En sus brazos había profundas cicatrices donde las uñas de la madre se habían clavado en la carne para jalarla del tiburón. Un reportero llegó a entrevistarla en el hospital y pidió verle las cicatrices que el tiburón le hizo en las piernas. Pero entonces la chiquilla dijo: "También tengo grandes cicatrices en los brazos. Las tengo porque mi mamá no me soltó.[10]

¡Qué historia! Fern expresa:

> Mientras nuestros hijos tengan aliento, oraremos. No nos rendiremos. Pedimos a Dios que ellos lo amen y que estén dedicados a Él. Oramos que nuestros hijos cumplan el destino de la voluntad divina en sus vidas. No claudicaremos, especialmente en los años de la adolescencia en que no vemos que nada de eso suceda. Seguiremos orando según la Palabra de Dios y no nos daremos por vencidas.[11]

¿Sabes cuál es el antónimo de blandenguería? Dinamismo. Es hora de que las madres dinámicas se levanten y no claudiquen, no abandonen, no cedan, no consientan, no se encierren y no se callen. Mantén

---

10. https://books.google.com/books?isbn=0310338085 (consultado el 4 de febrero, 2015).
11. Entrevista con Fern Nichols.

tu corazón tierno, sé insensible y nunca dejes la batalla espiritual por el alma de tu hijo.

~~~~~

MENSAJE DE LAURA PETHERBRIDGE PARA MADRASTRAS

La mejor manera de ser una madrastra inteligente, con una sonrisa en tu rostro, es aceptar y asimilar cuanto antes que esto va a ser diferente a una familia "normal". Algunas de las madrastras que batallan son las que están constantemente tratando de hacer que la familia reconstituida piense, parezca y actúe como una familia "normal". Dejar de lado el sueño, la idea de la familia tipo *La tribu de los Brady* que tenías antes de casarte, es uno de los pasos esenciales para convertirte en una madrastra feliz. Tienes que determinar las cosas que no son realistas. Reconoce que puedes tener una familia reconstruida feliz, pero esto no será posible si sigues tratando de obligar a todos a adaptarse a un formato que no va a funcionar. Mis hijastros me llaman Laura, la esposa de su padre, Muchas madrastras se ofenden por eso, pero es lo que soy. Soy la esposa de su padre.

Casi todos los expertos están de acuerdo en que el papel de los padrastros y las madrastras, particularmente en los primeros años de matrimonio, no debe ser el rol disciplinario para el hijastro. La autoridad llega con el tiempo. Cuando nacemos en una familia, nuestros padres son las autoridades automáticas. Pero un padrastro o una madrastra no obtienen autoridad automática en la mente de un niño, por lo que es importante que la madrastra reconozca que el papá de los chicos debe ser quien disciplina. La excepción a esta regla es la madrastra de niños pequeños que debe poder disciplinar si posee la única función parental durante la mayor parte del tiempo.[12] ✦

~~~~~~~~ **Inyección de energía para hoy** ~~~~~~~~

Imagínate recubierta de teflón. Que cualquier cosa que tu hijo diga hoy para herirte o manipularte no se adhiera. Lávate cualquier comentario repulsivo y sigue adelante.

---

12. Entrevista con Laura Petherbridge.

~~~~~~~~~~~~~~ **Oración de hoy** ~~~~~~~~~~~~~~

Señor, ayúdame a perseverar cuando me siento tentada a ceder o renunciar. Moldéame para que sea una líder para mis hijos. No quiero dejarme llevar ni ser persuadida por la insensatez de mi hijo. Proporcióname una piel gruesa y un corazón tierno. Que mi boca no me lleve al pecado. Al contrario, vigila por favor la puerta de mis labios.

Día 23

Eso es entretenimiento

*Todos los días del afligido son difíciles; mas el de
corazón contento tiene un banquete continuo.*

Proverbios 15:15

Era la primera vez que me reunía con el director de ventas y el vicepresidente de mercadeo de la editorial en relación a mi primer libro.
Piensa en un desayuno energético en las grandes ligas. ¿Y sabes qué
presenté como primer tema de conversación? "Esta mañana mi esposo
James llevó al baño a nuestra hija de dos años de edad, ¡y por primera
vez hizo sus necesidades en el inodoro!".

Sí, eso fue lo que dije.

Nuestra vida diaria de madre está llena de situaciones irrisorias, absurdas, citables, queridas, cómicas y, en ocasiones, francamente ordinarias.
Hoy día quiero retarte a encontrar algo divertido en todo. Si miras a tu
alrededor con agrado y con los ojos bien abiertos, encontrarás un montón
de material para horas de comedia en vivo.

Como la vez que dejé la ropa limpia sobre mi cama. Lucy se acercó
y me preguntó si podía hacer el trabajo de clasificar la ropa lavada como
hacían sus hermanos mayores. Le mostré un par de piezas de ropa interior
mía y le pedí que los doblara y los apilara. Ella sostuvo una pieza color
café estampada de leopardo.

—¿Das "chalas" con esto puesto? —preguntó con su vocecita de dos
años de edad.

—¿Por qué piensas eso? —le pregunté riendo.

—Poque son café como la lopa con que das chalas.

En otra ocasión, Lucy y yo estábamos almorzando juntas.

—Cuando me lastimo, ¡digo *consoladoa*! Y eso eles tú. Tú apaleces.

Mi corazón de madre se hinchió.

—Poque eles tan tielna y golda —añadió entonces Lucy.

Eso, por supuesto, me devolvió a la tierra.

Ethan llamaba "culate" al chocolate, y Lucy insistía en que la llamáramos "Semilenta" en lugar de "Cenicienta". Estoy segura de que también tienes una lista de historias cómicas si tus hijos son pequeños. Escríbelos conforme los recuerdes. Lleva un diario de momentos divertidos con tus hijos.

Mejor que medicina

Proverbios 17:22 afirma que "el corazón alegre es una buena medicina, pero el espíritu triste seca los huesos" (RVR1995). Aquí vemos la correlación entre nuestra vida interior y nuestra salud física y mental. Este versículo trata nuestra capacidad de perseverar a lo largo de los años. La palabra *medicina* aparece solo aquí en el Antiguo Testamento. Un espíritu triste alude a estar deprimido o triste.[13] La depresión es un verdadero problema para muchas madres. Casi una de cada cuatro mujeres de entre cincuenta y sesenta y cuatro años consume antidepresivos, y el 13% de la población total de los Estados Unidos usa antidepresivos.[14] Eso significa que más de una persona de cada diez lucha lo suficiente contra la depresión como para tener que tomar medicación. Somos demasiadas las que no experimentamos la salud en los huesos mencionada varias veces en Proverbios.

La Biblia nos ofrece un antídoto para la depresión, la tristeza y la salud deteriorada: un corazón alegre. Un corazón feliz. Otra traducción (TLA) habla de pensamientos alegres. Aquí tenemos la idea de alguien encantador, lleno de regocijo y buen humor, y que siempre está gozoso. No te preocupes si no encajas en esta descripción. Quizás tengas a algunos niños a tu alrededor que te puedan ayudar a reír con mayor frecuencia.

Cuando yo estaba embarazada de Lucy, me sentía cansada todo el tiempo. Recuerdo haberme disculpado con Ethan por no tener la suficiente energía para ofrecerme voluntaria en sus clases.

—Está bien, mamá —contestó él—. Puedes hacerlo después de que la bebita sea mayor. No hay problema.

—Yo seré tu médico y te ayudaré a ti y a tu bebé —intervino Noelle—. Conseguiré una vara y te sacaré la bebita.

A veces la ayuda en el momento oportuno para la fatiga y el abatimiento viene de los comentarios chistosos de nuestros hijos. Es decir, si nos dedicamos a observar y apreciar esos momentos.

---

13. S. S. Buzzell, "Proverbs", en *The Bible Knowledge Commentary: An Exposition of the Scriptures*, ed. John F. Walvoord y Roy B. Zuck (Wheaton, IL: Victor Books, 1983).

14. "Study Shows 70 Percent of Americans Take Prescription Drugs", *CBS News*, 20 de junio, 2013, www.cbsnews.com/news/study-shows-70-percent-of-americans-take-prescription-drugs/ (consultado el 6 de febrero del 2015).

Debes encontrar el valor del entretenimiento en tu vida cotidiana, incluso cuando es en detrimento tuyo. James es el panadero en nuestro hogar. Las galletas con pepitas de chocolate son sinónimo de papá. Un día, se hallaba en la cocina acaramelando mantequilla, y los niños estaban espolvoreados de harina. Entré a la cocina y escuché lo siguiente:

—Cuando algo tiene que ser bueno, tiene que ser Dubba —declaró con voz cantarina James, cuyo sobrenombre es Dubba.

—¡Y si algo tiene que ser malo, tiene que ser Mamá! —contestó rápidamente Ethan.

Nos reímos entonces, y seguimos riéndonos de eso ahora mismo.

—Ah, Ethan, no seas tan malo —recuerdo haber dicho alguna vez en ese tiempo.

—¡Es la verdad! —exclamó él con gran sentimiento—. ¡Es la pura verdad!

Bueno, todos sabemos que escribo libros… no que horneo galletas.

Amantes de la diversión

Hablemos de dar honra a un nombre. Si alguna vez has conocido a la escritora y conferencista Kendra Smiley, sabes que está casada con la familia correcta. Ella recuerda cuando su hijo mayor regresó a casa de su primer día en el jardín de infantes.

—Mamá —dijo él—, ¡hay una muchachita en nuestra clase con el nombre más chistoso!

—¿Cuál es ese nombre, cariño? —preguntó Kendra.

—¡Se apellida *Panqueque*!

—Sé que ahora mismo no entiendes esto, pero nuestro apellido también es chistoso. No nos burlemos de los nombres de otras personas —señaló Kendra.

Hoy, los tres hijos de Kendra son adultos. Uno de ellos le recordó que cuando ella quería que los niños subieran al auto, nunca les decía: "Subamos al auto". En lugar de eso, gritaba: "¡Vamos, amantes de la diversión! ¡Es hora de irnos!". Me encanta la expectativa que ella creaba para su familia. ¡Un viaje al dentista podría ser una aventura! Kendra, la presidenta divertida, manifiesta:

Por lo general, en las parejas casadas uno de los dos encuentra la alegría más fácilmente. Necesitas equilibrio. Toda familia necesita a un adulto. Dos podrían ser exageración. Mi esposo John es el adulto en nuestro hogar. Nunca decimos: "¿Estamos teniendo demasiada diversión?". Buscamos cómo poder convertir un día común y corriente en algo que traiga alegría a las vidas de las personas.[15]

Rhonda Rhea es otra experta en ver el lado cómico de la vida:

Debes aceptar tu propia personalidad. No todas nosotras somos vientres risueños. Puedes mantener una actitud agradable sin morirte de risa cada tres segundos. Sal de tu marco y confórmate a lo placentero. Debemos tener en cuenta cómo Dios nos formó. En realidad, algunas de nosotras no fuimos formadas para estar riéndonos constantemente. Bueno, yo sí *soy* una de las que ven mucho humor donde no lo hay (cuento con varios cortocircuitos en el cableado).

Para la madre que está luchando por ver el lado más humorístico de las cosas, recuerda que habrá días buenos y otros no tan buenos. Tu máxima prioridad tiene que ser permanecer en la Palabra de Dios. Si tratas de mantenerte conectada al gozo a lo largo del día, e intentas hacerlo por ti misma, no te va a funcionar muy bien. En lugar de esto, aliméntate con la Palabra de Dios. Lee Filipenses por un momento, una carta llena de gozo aunque fue escrita en la cárcel. Eso es incluso más duro que la maternidad. Bueno, quizás no del todo más duro algunos días, ¡sino absolutamente más duro![16]

Puedes sentirte atrapada como madre, atascada en una habitación diminuta con un bebé llorón o un adolescente malhumorado. Sin embargo, incluso en esa clase de días puedes encontrar algo de qué reír, si observas.

Ethan busca a Thomas

Cuando Ethan tenía dos años, le gustaban todas las cosas de transporte, como a la mayoría de niños. El tren Thomas era su favorito. Como premio veía el tren Thomas en DVD. No podía pronunciar *Thomas* por lo que lo llamaba *Mamús.* Cuando salió la película *Cars,* decidimos darle una oportunidad a la pantalla gigante con nuestro niño pequeño. Tras un par de minutos viendo los tráilers de películas anunciadas, empezó

---

15. Entrevista con Kendra Smiley.
16. Entrevista con Rhonda Rhea.

a gritar: "*¡Salgamos! ¡Quielo salil de aquí!*". Salimos del oscuro cine y llegamos al pasillo. Ethan recorrió el pasillo de lado a lado, diciendo: "Mamús, ¿dónde estás?". Giró a izquierda y derecha, revisando las puertas y los carteles buscando alguna señal de "Mamús".

No encontró a Thomas ese día, y tampoco vimos *Cars* en la pantalla gigante. Pero aquella experiencia sigue entreteniéndome en gran manera. Muchas veces las risas no vienen de cuando todo va bien, sino de cuando todo está saliendo mal.

Florece donde estés plantada. Ríe en momentos de sol y de lluvia, y disfrutarás de un festín perpetuo que te alimentará durante el largo trayecto.

Inyección de energía para hoy

Mira un corto video del comediante favorito de nuestra familia, Tim Hawkins, en www.timhawkins.net (solo en inglés). ¡Te garantizo que te hará reír!

Oración de hoy

La Biblia afirma que el gozo del Señor es nuestra fortaleza. Señor, te ruego que me llenes de tu gozo. Destaca las cosas divertidas en mi día para que yo las reconozca. Ayúdame a no tomarme muy en serio. Aleja toda depresión de mi familia. Me regocijo en tu bondad, fidelidad y benevolencia para conmigo hoy.

Día 24

Encuentra a alguien a quien seguir

*Recomienda a las ancianas que se comporten como personas
que aman a Dios. No deben ser chismosas ni emborracharse,
sino más bien ser un buen ejemplo para las mujeres más
jóvenes, y enseñarles a amar a sus esposos e hijos. También
deben enseñarles a pensar bien lo que van a hacer, y a ser
dueñas de sí mismas, a atender bien a su familia y sujetarse a
su esposo. Así nadie podrá hablar mal del mensaje de Dios.*

Tito 2:3-5 (TLA)

Me hallaba leyendo un libro rosado con grandes labios en la portada, y esto llamó la atención de Lucy.

—¿Qué estás leyendo, mamá? —preguntó.

El libro era *Keep It Shut: What to Say, How to Say It, and When to Say Nothing At All* [Mantenla cerrada: Qué decir, cómo decirlo, y cuándo no decir nada en absoluto] de Karen Ehman.

—Un libro sobre el autocontrol —contesté.

Lucy se dio rápidamente la vuelta, con una mirada de Cenicienta soñadora en sus ojos.

—¡Ah, me encanta controlarme a mí misma! —exclamó.

En su mente podía creer que el autocontrol es algo instantáneo. Pero todas sabemos que es una lucha continua para todas nosotras, incluso para mi pequeña de cinco años. Por eso funciona mejor la maternidad cuando tienes una madre más experimentada y más sabia a quien mirar.

Aunque tengas un trabajo a tiempo completo fuera de casa, considera la maternidad como tu profesión. Eres la presidenta de Mamás S. A. en tu residencia. ¿A quién querrías en tu junta directiva? ¿Qué madres ejemplarizan el buen carácter y un liderazgo fuerte? ¿Quién tiene hijos respetuosos? ¿Quién tiene un matrimonio fuerte? Tal vez no conozcas a nadie en tu esfera de amistades que no le grite a sus hijos ni pelee con su esposo. Vuélvete creativa y ten madres guías a través de libros, transmisiones multimedia y programas de radio. *Enfoque a la familia* y *Vida en familia hoy* son mis programas favoritos por los sanos consejos que dan sobre la crianza de los hijos.

Aunque obviamente mi James no es madre, ha visto progresar a muchas mamás cuando tienen una mentora, alguien a quien mirar y seguir. Él afirma:

> Encuentra modelos de comportamiento y quédate con ellos. Averigua qué hacen estas personas de un modo distinto. Te sorprenderá lo que ellas catalogan como normal, porque nada tiene que ver con lo que hace la mayoría de familias. Por ejemplo, pasé por la casa de un cliente y vi a sus cuatro hijos pequeños comiendo enormes porciones de brócoli y espinaca en la mesa del comedor. La porción de ensalada para cada uno de ellos era igual a lo que toda mi familia se servía en una comida. Vaya, la dieta normal que tenían no era nuestra dieta normal. ¡Fue inspirador! Encuentra buenos modelos de comportamiento y pasa tiempo con ellos. Permite que sus buenos hábitos influyan en ti.

Consigue una orientadora

Sabemos de entrenadores de fútbol y de baloncesto, ¿pero qué hay de una coach de madres? Así como un entrenador saca lo mejor de sus jugadores, la orientadora o coach puede ayudarnos como mamás a estar a la altura de las circunstancias y pedirnos cuentas cuando nos salimos del camino. Cuando queremos tirar la toalla, la entrenadora puede expresar: "Todo va a estar bien. Mañana será un nuevo día".

Kristen Welch recuerda la influencia que una madre mayor tuvo en ella. Esta mamá se ofreció semanalmente como voluntaria para Mercy House, organización sin fines de lucro de Kristen en Kenia. Kristen observa:

> Tuve una discusión con mi hija adolescente mientras la llevaba al colegio. Yo estaba realmente destrozada. Todavía estábamos furiosas cuando ella se dirigió a clase. Al abrir la puerta de la oficina de Mercy House, mi madre amiga estaba sentada allí. Me preguntó si había llevado a los chicos a la escuela. Procedí a vomitar sobre ella todos mis problemas de maternidad. Empecé llorando y preguntándole: "¿Es normal esto? Tú has criado hijas". Yo necesitaba que alguien me dijera que esto era normal.

Eso es exactamente lo que mi amiga hizo. Me dijo que todo lo que yo estaba experimentando (el deseo de libertad de mi hija y mi deseo de que ella siguiera siendo pequeña) era totalmente normal. Esa fue la frase más liberadora que alguien pudiera haberme dicho. Todas las madres experimentan estas inquietudes, estas luchas, estos sentimientos de pesadumbre. Una de las maneras más prácticas de seguir adelante es darnos cuenta de que no estamos solas.[17]

A veces una consejera debe consolar y en ocasiones debe corregir. Mientras yo leía *The Well-Behaved Child* [El niño bien educado] del psicólogo John Rosemond, una sección destacó del resto. Se trataba de cómo le cambiamos el significado a "¿de acuerdo?" al final de las instrucciones que damos a nuestros hijos. Por ejemplo: "Necesito usar este cuarto para hablar con una amiga mía que va a venir en algunos minutos. Qué tal si recoges esos juguetes ahora, ¿de acuerdo?". Rosemond escribe:

¿Qué quiere decir eso? Si tu hijo no *está de acuerdo*, ¿no tiene que hacerlo? Una vez desafié a los padres a través de mi columna periodística a que contaran la cantidad de veces que agregaban la frase "¿de acuerdo?" al final de una supuesta instrucción a sus hijos… Sí, los malos hábitos son difíciles de romper, pero pueden romperse. He aquí cómo: antes de dar una instrucción a tu hijo, pregúntate: "¿Qué deseo que mi hijo haga, y cómo puedo expresarlo del modo más fidedigno posible, usando la menor cantidad de palabras?[18]

¿Sabes? Esa misma mañana me sorprendí diciéndole a Lucy, en el camino hacia el jardín de infantes: "No quiero que persigas a ese niño alrededor de la zona de juegos. A él no le gusta. Si te empuja, la culpa es tuya por no darle espacio. Por tanto, no lo persigas, ¿*de acuerdo*?". Usé exactamente las mismas palabras que había prometido purgar de mi vocabulario la noche anterior. No es que Lucy entendiera por completo mi progreso de entrenamiento personal de madre, pero me corregí: "Lucy: hoy no persigas a ese niño en la zona de juegos". Punto. Fin de la frase. Dejé de hablar.

Ahora, mi alerta contra "de acuerdo" está activada. Puedo mejorar

17. Entrevista con Kristen Welch.
18. Rosemond, *The Well-Behaved Child*, p. 30.

mis habilidades de liderazgo eliminando esa etiqueta en mis instrucciones. El legendario entrenador John Wooden declaró: "Un entrenador es alguien que puede dar corrección sin causar resentimiento".[19] Encuentra madres experimentadas y expertos en crianza a quienes puedas seguir y respetar. Como resultado, tu carga de madre será mucho más liviana.

La abuela sabía más

¿Habría tolerado tu abuela que tu mamá le faltara al respeto, jugara videojuegos mientras los quehaceres quedaran sin hacer o se negara a comer los alimentos que le servía? Probablemente no. Aunque nuestro mundo marcha hacia adelante en tecnología, está retrocediendo con relación al hogar. La calidad de la vida familiar está disminuyendo rápidamente.

～～～

UNA PROMESA PARA MIS HIJOS ADOLESCENTES, POR KRISTEN WELCH

No te rogaré ni gritaré, ni te obligaré a ver las cosas a mi manera.
Trataré de ver las cosas a tu manera.
No te pediré que hagas algo que yo no esté dispuesta a hacer.
No me dedicaré a pelear por cosas que no valen la pena.
Clamaré por ti, aunque no veas mis lágrimas.
Permaneceré despierta cuando ansíe dormir.
Oraré cuando quiera preocuparme.
Te daré privacidad cuando desee inmiscuirme.
Te dejaré dormir hasta el mediodía (de vez en cuando).
Me callaré cuando desee hablar.
Me disculparé cuando me equivoque.
Confiaré en ti.
Me meteré en tus asuntos si estás en peligro o si tomas malas decisiones.
Haré preguntas que te hagan sentir incómodo.
Dejaré que me hagas preguntas que me hagan sentir incómoda.
Escucharé.
Trataré de luchar por ti y no contra ti.
Cuando el mundo espere que fracases, que caigas, que olvides tus orígenes, yo esperaré cosas buenas de ti.
Y cuando fracases, seré la primera en estar a tu lado.

19. "The Wizard's Wisdom: 'Woodenisms'", *ESPN*, 4 de junio, 2010, http://sports.espn.go.com/ncb/news/story?id=5249709 (consultado el 3 de febrero, 2015).

Te amaré pase lo que pase.
Sobre todo, cuando yo eche a perderlo todo, cuando olvide o
incumpla estas promesas, lo volveré a intentar otra vez. Lo
intentaremos de nuevo.
No importa lo mucho que crezcas o lo lejos que te vayas, soy tu
madre. *Estaré aquí.*[20] ✦

John Rosemond comenta cómo en los Estados Unidos rompen las
tradiciones establecidas respecto a la crianza de los hijos a finales de la
década de los sesenta y principios de los setenta:

> Nos dirigimos por un sendero descrito por psicólogos y otros
> profesionales de la salud mental. Debemos despertar en este
> momento al hecho de que esta nueva crianza de hijos ha sido
> desastrosa para ellos, para el matrimonio y para la educación
> estadounidense. En comparación con los chicos de la década
> de los cincuenta, incluso considerando errores de información,
> los de hoy tienen más probabilidades de experimentar a los
> dieciséis años graves contratiempos emocionales. La crianza
> tradicional no era perfecta, porque los seres humanos no pue-
> den hacer nada universalmente perfecto. Pero la idea de que
> era mejor es válida. Se rechaza esta verdad, porque la actual es
> una época muy progresiva en la historia. La gente es escéptica
> cuando oye que hubo algo mejor en los supuestos tiempos
> mejores. Sin embargo, todas las estadísticas sobre salud mental
> infantil indican que, en la década de los cincuenta, los chicos
> eran mental y emocionalmente más fuertes que los de hoy.

El quinto de los Diez Mandamientos es el único que viene con promesa: "Honra a tu padre y a tu madre, para que tus días se alarguen en
la tierra que Jehová tu Dios te da" (Éx. 20:12). John Rosemond continúa:

> Esto significa, en parte, que si seguimos adelante con las tradi-
> ciones familiares, y nos adherimos a las ideas básicas tradicio-
> nales de cómo debería funcionar una familia… multiplicando
> esto por millones de ellas obtenemos la fórmula de cómo

20. Kristen Welch, "A Promise to My Teenagers", *We are THAT Family* (blog), 29 de octubre
, 2014, http://wearethatfamily.com/2014/10/a-promise-to-my-teenagers/ (consultado el 10 de
febrero, 2015). Usado con permiso.

estabilizar, perpetuar y sostener la cultura. La importancia de esto es tan vital para la fortaleza de cualquier cultura, que sus tradiciones sobre la crianza de hijos se perpetuaban de una generación a otra. En última instancia, dichas tradiciones de crianza, en el análisis final, definen la cultura.[21]

Quizás sea el momento de hacer a un lado las ideas modernas sobre la crianza y, en su lugar, invitar a la abuela a almorzar. Nuestra cultura florecerá cuando nuestros niños honren a sus mayores, no cuando los mangoneen.

Inyección de energía para hoy

Cuenta la cantidad de veces que agregas la pregunta "¿de acuerdo?" a las instrucciones que das a tus hijos. Hazte el propósito de eliminar esa frase de tu repertorio de madre.

Oración de hoy

Muéstrame, Señor, a quién puedo tener en mi junta directiva de Mamás S.A. ¿Quiénes son las mujeres y los expertos en crianza de hijos que puedo seguir en mi vida, que me orientarán para convertirme en una madre más piadosa y feliz? Ayúdame a recibir corrección, porque sé que amas a quienes disciplinas.

---

21. Entrevista personal con John Rosemond, 30 de enero, 2015.

Día 25

No estás criando niños

Instruye al niño en su camino, y aun cuando
fuere viejo no se apartará de él.

PROVERBIOS 22:6

Podrías colgar un letrero sobre tu puerta principal que diga: "Capacitación laboral en curso". Podría servir de advertencia para las visitas igual que un letrero de "Aprendiz de conductor" nos advierte en la calle. ¿Sabes? Todos los días estás formando a tu niño para que se convierta en adulto. Erma Bombeck lo explicó de esta manera: "Tengo un punto de vista muy práctico en la crianza de los hijos. Coloco un cartel en sus habitaciones: "El momento de dejar la habitación es a los dieciocho años".[22]

Has oído términos como *soltero en casa, adolescencia prolongada, edad preadulta*. Cuando tus hijos llegan a los veinte años, no quieres seguir empaquetando sus almuerzos y llenando sus solicitudes de empleo (y también enviándolas por correo). Quieres que actúen como adultos responsables. Todo comienza con una mentalidad de madre que afirma: "No estoy criando un niño. Estoy criando un *adulto*". Existe una diferencia. La visión de la primera frase es de corto alcance; la de la segunda es de largo alcance. Si estás criando un niño, tu capacitación laboral gira en torno a diversión, comodidad, tiras cómicas, chupetes e interdependencia. Si estás criando un adulto, tu capacitación laboral gira en torno a responsabilidad, carácter, disciplina, trabajo duro a la antigua e independencia.

Rhonda Rhea tiene cinco hijos propios de más de veinte años. Ella ha observado algunas tendencias inquietantes con los compañeros de sus hijos.

---

22. www.brainyquote.com/quotes/authors/e/erma_bombeck.html (consultado el 28 de enero, 2014).

Se ven muchos chicos adultos graduándose del colegio. Se están preparando para la universidad y no tienen bases para tomar decisiones por cuenta propia. Nunca han tratado con sus propios fracasos o consecuencias. Es fácil que los padres puedan enviar a la universidad a hijos mal preparados para enfrentarse al mundo. Ves a universitarios que asumen todo tipo de malos comportamientos por estar manipulados por sus compañeros. En realidad nunca han aprendido a tomar sus propias decisiones, a defender lo que creen y a tratar por sí mismos con las dificultades.

Mi amiga Marie no sabía lavar su ropa cuando era estudiante universitaria (yo tampoco lo sabía). Ella recuerda que llamó a su mamá para preguntarle cómo usar máquinas de monedas. Eso la impresionó mucho. Ahora que Marie es madre quiere que sus hijos sepan cocinar, limpiar y lavar la ropa… y no está esperando hasta que vayan a la universidad. Hace que su hija de un año haga la cama. Sé que una niña de un año no puede hacer esa tarea, pero sí puede estirar la manta en la cuna antes de levantarse. ¡Qué gran manera de comenzar a enseñar buenos hábitos a una bebé que le servirán en el futuro, cuando sea adulta. Nunca es demasiado temprano para comenzar.

Nada de pasos fáciles

Deseamos que nuestros hijos se sientan amados y especiales. Como mamás osas estamos para protegerlos y rescatarlos. Pero llega un momento en que debemos hacernos a un lado y dejar que asuman la responsabilidad por sus propias acciones. Rhonda Rhea hace esta advertencia:

> Solemos entrenar a nuestros hijos para ser irresponsables. *Si olvido eso, mamá correrá a buscármelo. Si olvido mi tarea escolar, mamá me la traerá a la escuela.* Debemos dejarlos que aprendan de las consecuencias, incluso cuando se deba a que solo sean despistados. A veces podríamos rescatarlos para mostrarles gracia y misericordia, tal como Jesús hace por nosotros. Pero hazles saber a tus hijos que nunca deberían esperar que se les rescate.

Con formación laboral en mente para que mi hija llegue a ser adulta, he aquí una carta que escribí a la maestra de segundo grado de Noelle:

Apreciada señora E:

Noelle llega tarde hoy, porque no terminó su desayuno ni se lavó los dientes a tiempo. Le hemos dado bastante tiempo para completar sus actividades de la mañana y quiero enseñarle que hay una consecuencia por moverse con tanta lentitud. Siéntase libre de darle deberes escolares extra o de no dejarla salir a recreo.

Sinceramente,
Arlene Pellicane

Cuando fui por Noelle ese día a la escuela, supe al instante que las consecuencias basadas en la realidad estaban funcionando de modo especial.

—¿Cómo estuvo tu día? —le pregunté a mi abatida estudiante.

—Tú sabes —contestó triste.

La atraje hacia mí y la abracé, y ella se puso a llorar... de tal manera que los hombros le temblaban y el rostro se le enrojeció.

Resulta que el día había ido cuesta abajo para ella en la escuela. Obtuvo una nota amarilla, que es el color de advertencia por mal comportamiento. Noelle suele traer a casa notas azules o verdes por buena o por excelente conducta.

—Yo estaba conversando —confesó entre sollozos—. Lo siento. Mi amiga no estaba hablándome. Fue culpa mía. Yo estaba *hablándole*.

Ahora me tocaba a mí leer la nota de la señora E:

Apreciada señora Pellicane:

Gracias por informarme sobre la tardanza de Noelle. Ella ha tenido deberes escolares extra ya que falló en la problemática del día. Hoy ha recibido una nota amarilla, porque siguió hablando y jugando sobre la alfombra con otra alumna durante nuestra lección de escritura, incluso después de una advertencia. Noelle, por lo general, no necesita recordatorios sobre su conducta. ¡Gracias por todo su apoyo!

Un versículo bíblico dice: "La clase de tristeza que Dios desea que suframos nos aleja del pecado y trae como resultado salvación. No hay que lamentarse por esa clase de tristeza" (2 Co. 7:10, NTV). Pude ver que Noelle estaba auténticamente arrepentida. Confesó y asumió la responsabilidad por su mala conducta en la escuela. Estaba madurando (como alumna de segundo grado) y aprendiendo a lidiar con el fracaso y a empezar de nuevo.

Algún día emprenderán la marcha

Cuando las hijas de Rhonda Rhea cumplían doce o trece años, ella hacía algo especial relacionado con los intereses de la joven. Una de las hijas fue a Haití en viaje misionero. Otra fue a una conferencia de escritores. Rhonda creó una oportunidad para que sus hijas aprendieran lo que les interesaba respecto a sus profesiones futuras. Para ella era un hito decir: "De ahora en adelante te trataré como una adulta hasta donde me lo permitas". Así le dijo a cada una de sus hijas:

> Si empiezas a actuar como niña, ¡te trataré como niña y me pondré en *modo mega madre*! Pero si lo permites, podemos empezar a erigir lo que con el tiempo se convertirá en nuestra amistad. Mientras más lo permitas, más podremos hacerlo. Te dejaré tomar tus propias decisiones y te trataré como adulta. Tienes que obedecer las reglas de la casa y respetar a los miembros de la familia. ¡Yo también tengo que hacer eso!

Esta charla significó que Rhonda tuviera que morderse los labios cuando sus hijas llegaron con algunos cortes de cabello muy extraños, ante lo que ella declaró: "Se lo dije a mis amigas, porque no quiero que piensen que fui una mala madre. La ventaja es que en el futuro sacaré esas fotos y me burlaré sin misericordia de mis hijas".[23]

Gwen Smith transmite estas sabias palabras, que tienen un sentido de misión respecto a la crianza de los hijos:

> A medida que mis hijos crecen veo capas de madurez en ellos. En Mateo 10 leemos que Jesús envía a sus discípulos de dos en dos, a anunciar a otros que el reino de los cielos se ha acercado. Les dio autoridad total. Allí hay un modelo para nosotras como madres. Debo fortalecer a mis hijos para que vivan sus vidas. Ellos no son míos. Son de Dios. Ya sea que su misión consista en ir a la escuela o a la tienda, deben sentir mi valor y

---

23. Entrevista con Rhonda Rhea.

mi confianza en ellos. Nuestro temor puede limitarlos. Jesús prometió a sus discípulos tiempos difíciles y oposición. Pero también dijo que no se preocuparan cuando fueran llevados delante de las autoridades a declarar; Él les daría las palabras que debían decir. ¿Cómo soltamos a nuestros hijos en el mundo? ¿Cómo lo hizo Jesús? Él no se atrincheró con sus doce discípulos. Los envió. Iban a suceder cosas malas; pero cuando sucedieran, no debían preocuparse, Dios se encargaría de esto. Cuanto más nos vinculemos al corazón y a la misión de Dios, más aumentará nuestra confianza. Miremos a Jesús y su forma de tratar a sus discípulos. Así son nuestros hijos. Ellos son las personas que estamos criando para amar y servir a Dios.[24]

Cuando Ethan estaba en el jardín de infancia, se fracturó la pierna. No fue en una zona de juegos ni en la escuela, sino en la comodidad de su propia casa. Ya sabes que él sufrió solo unas pocas magulladuras al chocar contra un auto, mientras montaba en bicicleta. No fue tan afortunado con nuestra bicicleta estacionaria. Ethan estaba pedaleando súper rápido, y entonces soltó las piernas de los pedales. ¡Ay! El pedal a exceso de velocidad lo golpeó exactamente en la espinilla.

Seis semanas enyesado fue una dura sentencia para un niño de cinco años de edad. También resultó serlo para mí, desde cuidar a Ethan en casa y visitar sus clases diarias, hasta incluso llevarlo al baño. No obstante, ¿sabes una cosa? Yo no cambiaría esa experiencia. En su clase de jardín de infantes me sorprendió ver a varios niños sirviendo a Ethan. Cuando iba cojeando hacia una silla, tres niños se levantaban para colocarle una silla debajo. En los recreos, uno de los chicos se apresuraba a correr por delante y mantener abierta la puerta para que Ethan pudiera pasar. Los niños hacían participar a Ethan en "carreras" durante los recreos. Corrían lentamente para hacerlo competitivo. En realidad vi que lo mejor salía tanto en ellos como en mi hijo. *Paciencia. Resistencia. Contentamiento. Agradecimiento. Adaptación. Disciplina.* A pesar de que nos gustaría proteger a nuestros hijos de las fracturas de piernas de la vida, estas experiencias son a menudo los mayores maestros… y nuestros también.

Después de todo, no estamos criando niños. Estamos criando adultos.

---

24. Entrevista con Gwen Smith.

~~~~~~~~~~~~ **Inyección de energía para hoy** ~~~~~~~~~~~~

Me gusta lo que Rhonda Rhea afirma: "Creo que una vez que mis hijos tengan hijos, voy a parecer muy inteligente. Voy a parecer la persona más brillante. ¡Estoy esperando ese día!". Sonríe… ¡ese día también llegará para ti!

~~~~~~~~~~~~ **Oración de hoy** ~~~~~~~~~~~~

Señor, ayúdame a ver el panorama total y a perseverar. No estoy criando niños; estoy criando adultos. Que mis hijos sean tus siervos. Oro para que anden en verdad, sabiduría y gozo. Que nada les haga sacudir su fe en ti. Permite que aprendan y entiendan las lecciones que tienes para ellos hoy. Y que yo también aprenda esas lecciones.

Clave 5

Toni**F**icada

Ori**E**ntada en la acción

Ligada a la oración

Pers**I**stente

Reali**Z**ada

Día 26

Sí a la liberación de las madres

Su descendencia será poderosa en la tierra; la
generación de los rectos será bendita.

<small>SALMOS 112:2</small>

Era nuestro pequeño ritual a la hora de dormir. Cuando Ethan se metía a su cama cada noche, yo le llevaba un par de medias limpias. Luego yo tomaba una y se la ponía en el pie. A continuación hacía lo mismo con el otro pie. Un día, cuando él estaba en *quinto* grado, comprendí: *Ethan es demasiado mayor para que yo le esté poniendo las medias. ¿Qué estoy haciendo?*

—No sé por qué te estoy poniendo estas medias a la hora de acostarte —manifesté—. Tienes edad suficiente para hacerlo tú solo.

—Pero me gusta que lo hagas, ¡criada mía! —contestó él lanzando una carcajada.

Le arrojé el par de medias a la cara, y desde entonces él ha estado poniéndoselas. Pero debo admitir que sigo sacando las medias del armario y colocándoselas en la cama. Quizás el año entrante pueda abandonar esa costumbre. Muchas veces no son nuestros hijos los que tienen dificultades para asumir más funciones y responsabilidades en la casa. El problema está en *nosotras*. No queremos dejar a un lado la sensación de ser necesarias e importantes. Como si la tierra no pudiera seguir sobre su eje sin nuestra participación. Nos quejamos por estar estresadas, cargadas y agotadas de hacer cada pequeñez que gira alrededor de nuestros hijos, pero somos nosotras quienes diseñamos la dependencia. Hay buenas noticias si estás dispuesta a oírlas.

La verdad acerca del Club de la Buena Madre

John Rosemond afirma que una vez que las mujeres tienen hijos, empiezan sin querer a adherirse a la doctrina de lo que él denomina el "Club de la Buena Madre". Esta doctrina incluye ideas como:

- La Buena Madre le presta tanta atención a su hijo como le es posible.
- La Buena Madre hace por su hijo tanto como le es posible.
- La Buena Madre lleva a su hijo, después de la escuela, a la mayor cantidad de actividades que enriquezcan su desarrollo.
- La Buena Madre ayuda todas las noches a su hijo con la tarea escolar, para que presente en clase unos documentos impecables.
- La Buena Madre soluciona todos los problemas de su hijo.

Esto parece bastante bien. ¿O no? Rosemond declara:

> En mi opinión la maternidad no es estresante si tienes una comprensión clara de la responsabilidad hacia tu hijo. Adherirse al Club de la Buena Madre garantiza a una mujer que experimentará la crianza de sus hijos de manera muy estresante. De ahí que estas sean las quejas extendidas de las mujeres en la cultura actual: *Esto me está agotando. Esto es lo más difícil que he hecho en mi vida.* Cuando oigo algo así de boca de una mujer, a menudo le hago saber que su abuela pudo haber criado tres o cuatro veces más hijos que ella sin hacer esa declaración. La crianza de los hijos no solía ser estresante ni tenía un coste emocional diario para las abuelas. Por tanto, la tensión que esta madre moderna siente no tiene que ver con los hijos propiamente dichos, sino con el entendimiento que ella tiene de sus responsabilidades hacia sus hijos.
>
> Adherirse al Club de la Buena Madre es muy limitante para una mujer. Tan solo la convierte en una criada para sus hijos, y estos no desarrollan mucho respeto hacia ella. Lo dan todo por sentado. Aprenden a manipularla emocionalmente. Esto prepara el escenario para los adultos, y en especial para los varones, que no tienen mucho respeto por las mujeres.

La verdad es que el Club de la Buena Madre pone el énfasis en las cosas equivocadas, que llevan a la mujer a creer que debe hacer *más* por sus hijos, cuando en realidad debe hacer *menos*. Cuando una madre baja a sus hijos del centro de su universo, estos aprenden a volverse independientes y responsables, y su madre tiene una vida además de servir leche, prestar servicio de taxi, firmar permisos de no asistencia y revisar temperaturas.

Hace poco, James quiso asistir a un pequeño grupo en la iglesia con otras parejas. Era algo nuevo en nuestra planificación semanal y significaba que en la iglesia cuidarían a los niños, mientras íbamos a la casa de alguien los viernes por la noche. Las dos primeras semanas fueron difíciles.

—¿Tenemos que ir? —se quejaron los chicos—. Queremos quedarnos en casa. Nos gustaría no tener que salir.

Si me hubiera adherido a la doctrina del Club de la Buena Madre, podría haberle dicho a James:

—Cariño, sabes que a los chicos no les gusta. Siento pena por ellos. No los culpo por querer quedarse en casa después de una larga semana de escuela. Quizás este no sea el momento indicado para unirnos a un grupo.

Sin embargo, ¿qué comunica eso a los niños? *Si te quejas de cualquier cosa, puedes salirte con la tuya. Si no te gusta algo, no tienes que hacerlo.* Que yo sepa, el mundo real no funciona de esa manera.

Quizás lo más importante sea que esto otorga el poder de decisión a los niños y no a los padres. James nos recordó a los niños y a mí las muchísimas veces que en su infancia se quedó con una niñera, porque sus padres iban a salir o porque su madre estaba tomando un curso. A él no le gustaba mucho esto, pero simplemente rehusar no era una opción. De niño él tenía que incomodarse con regularidad para que sus padres hicieran lo que debían hacer.

De alguna manera hemos permitido que el orden jerárquico se confunda por completo. Hacemos lo imposible por llevar al niño a una práctica, por hacerle una exagerada fiesta de cumpleaños, o por sentarnos durante interminables horas de patinaje sobre hielo, piano o gimnasia. ¡Pero Dios no permita que alguna vez incomodemos a nuestros hijos por *nuestro* bien!

Como puedes suponer, seguimos yendo a ese grupo pequeño para parejas. Los chicos aprendieron a no quejarse, e incluso comenzaron a disfrutar ese tiempo. Apoyar el deseo de James de ir al grupo fortaleció nuestro matrimonio y nuestra unidad. John Rosemond explica el efecto perjudicial del Club de la Buena Madre en un matrimonio:

> Adherirse al Club de la Buena Madre hace que una mujer se enfoque excesivamente en sus hijos en perjuicio de su matrimonio. Estoy convencido de que este es el principal contribuyente a la infidelidad del hombre y a la elevada tasa de divorcios en Estados Unidos.
>
> Mi consejo para las mujeres es sencillo. La relación de pacto no es la relación madre-hijo. La relación de pacto en la

familia es de esposo y esposa. Si pones esa relación en primer lugar y actúas principalmente como esposa en tu familia, serás mejor madre. Nada establece una base más sólida de seguridad y bienestar bajo los pies de un niño que el conocimiento de que sus padres tienen una relación comprometida.

La visión de John Rosemond es doble: liberación de la madre y restauración del matrimonio. ¡Totalmente de acuerdo! Aquellos son valores fundamentales que puedo respaldar. ¿Y tú?

Día Internacional "Mami, Tómate el Día Libre"

Si estás un poco molesta en cuanto al Club de la Buena Madre, porque sientes una pizca de convicción, no te desconectes. John tiene un ejercicio para realizar en un día no escolar. Lo primero que debes hacer en la mañana es decirles a tus hijos que este es el Día Internacional "Mami, Tómate el Día Libre". En esta jornada festiva no puedes hacer nada por tus hijos aparte de prepararles sus comidas y proporcionarles supervisión básica. No puedes jugar con ellos ni sentarte a conversar. Puedes contestar preguntas tipo sí o no, pero eso es todo. Te desentenderás por completo de ellos todo el día. Si te piden atención, simplemente di: "Lo siento mucho, pero hoy es el Día Internacional 'Mami, Tómate el Día Libre'. Tendrán que esperar hasta mañana para eso". John expresa:

Al final del día pregúntate: ¿Están bien los niños? ¿Se derrumbaron en pequeños cúmulos de disfunción psicológica a las tres de la tarde? La respuesta es que ellos están bien. Usa este ejercicio para comenzar a traer un poco de negligencia benéfica a las vidas de tus hijos. Comienza a satisfacer tus propias necesidades de manera más eficaz, y ayuda a tus hijos a tener iniciativa propia. Puedes tener este día festivo una vez al mes si quieres. A menudo me dicen las madres que, una vez que empiecen a celebrar el Día Internacional "Mami, Tómate el Día Libre", encuentran que este día festivo sucede casi todos los días. Los chicos están felices y jugando por su cuenta. Se ocupan de los asuntos ellos mismos y solucionan sus propios problemas. La vida continúa, y no solo eso, sino que es una vida mejor para todas las personas interesadas.[1]

---

1. Entrevista con John Rosemond.

Ya no esperes que tus hijos te tengan atada de pies y manos. Nunca más volverás a ponerle medias a un hijo de quinto grado a la hora de acostarse. No volverás a hacer tres comidas distintas para la cena a fin de satisfacer todos los gustos. ¡Es hora de la liberación de las madres! ¿Captas la idea?

Inyección de energía para hoy

Pon en tu calendario tu primer Día Internacional "Mami, Tómate el Día Libre". ¡Muy bien! Ahora tienes algo que esperar. Háblale a tu esposo o a una amiga sobre este nuevo día festivo, y luego comunícales lo que aprendiste de esta jornada.

Oración de hoy

Señor, sé que estoy formando a mi hijo para que algún día pueda ser independiente. Perdóname por estar demasiado inmersa, o por ser demasiado exigente o dominante. Muéstrame la tensión que estoy creando en mí misma por depender de que mi hijo proporcione significado a mi vida. Enséñame a delegar más responsabilidad a mi hijo y a hacer cambios positivos. Ya no quiero pertenecer al Club de la Buena Madre. Bendice hoy mi matrimonio y mis hijos para tu gloria.

Sí a hacer caso omiso a los demás

Así que, hermanos míos amados, estad firmes y constantes,
creciendo en la obra del Señor siempre, sabiendo
que vuestro trabajo en el Señor no es en vano.

1 Corintios 15:58

Busco dentro de la mochila de Lucy la carpeta de su tarea escolar y veo el sobre de manila con la hoja de su lectura semanal. *¡Umm…!* *Me pregunto cómo le está yendo en comparación con el resto de la clase.* Le pregunto a otra madre qué está leyendo su hija. ¡Uff!, descubro que esta niña está leyendo párrafos mientras que Lucy solo está leyendo frases. Por tanto, la lucha por estar a la altura de otras personas comienza en el jardín de infantes (o antes).

Mientras esto pasa por mi mente, observo a otra niña pequeña sacar su carpeta. *¡Oh Dios mío!* Al mirar por encima de su hombro, veo que todavía está trabajando en letras individuales y sus sonidos. Eso me hace sentir mucho mejor con relación al progreso de Lucy. Después de todo, mi hija está leyendo *frases.*

Sé que esto podría parecer terrible, pero seamos sinceras: queremos que nuestros hijos sean lo mejor de lo mejor, los más adelantados de la clase, que vayan a la vanguardia.

A pesar de que luchar por la excelencia no tiene nada de malo (en realidad, es lo deseable), sí es perjudicial comparar constantemente a nuestros hijos con otros. Erma Bombeck lo manifestó de este modo: "Antes de intentar que tus hijos sigan el ritmo de los demás, asegúrate de no estar pretendiendo que sigan el tuyo".[2]

Ninguna carrera por competir

Tal vez tus hijos van a la escuela pública, pero tu mejor amiga educa a los suyos en el hogar. Te sientes culpable por no ser tan paciente ni

2. www.brainyquote.com/quotes/quotes/e/ermabombec136498.html (consultado el 1 de febrero, 2015).

proactiva como ella. O quizás tus hijos no participan en una variedad de deportes, y te estás preguntando si eso es malo. Tendemos a mirar a otras familias de nuestro entorno para medir cómo va nuestra puntuación como madres. Karen Ehman nos recuerda que no estamos en una carrera de competencia:

Cierra los ojos y deja de mirar a otras madres y otros hijos. Deja de mirar otros matrimonios. Cuanto más miraba a otros, menos me gustaba la vida. Fíjate en otros para hallar consejo y ánimo. Asegúrate de encontrar personas auténticas y que te cuenten la historia real y sincera. Busca consejo, pero no procures copiar la experiencia de otra madre.

Puedo hablar así, porque yo me esforzaba en copiar mi primera experiencia de maternidad. Estaba rodeada de madres realmente asombrosas que tenían el doble de hijos, y todos parecían perfectos. Sentí que debía hacer exactamente lo mismo que ellas para asegurarme de que mis hijos también fueran perfectos. Pero mis hijos no encajaban en el molde. Ninguno de ellos funcionó en el programa. Cuanto menos traté de obligarlos a actuar como los hijos de otros y celebré más cómo los había hecho Dios, más feliz fui.[3]

Permíteme autorizarte a hacer caso omiso a los demás. No vivas según las reglas de otra familia. Crea tus propios distintivos familiares determinando qué es importante para ti. La escritora Ruth Schwenk afirma que los ritmos que estableces en tu vida deben basarse en tus prioridades, no en las de otros.

Tus prioridades informan las cosas de las que debes formar parte o no. En nuestra cultura estamos muy programados para que una hija tenga que aprender ballet, piano y fútbol. Un hijo tiene que jugar al béisbol y todas estas cosas. Entiende, por favor, que no estás obligada a hacerlo todo solo porque otra persona lo esté haciendo. Me gustan los deportes, pero debes preguntar: ¿Qué será más beneficioso para mis hijos? ¿Pasar tiempo juntos en familia o correr aquí, allá y por todas partes? Tenemos cuatro hijos y cada uno elige un deporte al año,

---

3. Entrevista con Karen Ehman.

si quiere. Pero el deporte significa practicar cuatro noches por semana y eso no encaja en nuestros valores y prioridades, porque no podríamos cenar juntos con regularidad. Es obvio que habrá ocasiones en que no podremos cenar juntos, pero tenemos mucho cuidado de proteger ese tiempo familiar.[4]

Los que quieren emular a los demás podrían no tener tiempo para reunirse en familia alrededor de una comida, porque esto no coordina con su riguroso calendario académico, social y atlético. Pero las estadísticas demuestran que comer en familia cuatro veces o más por semana resulta en niveles superiores y en menores riesgos de depresión o drogodependencia. Los investigadores han descubierto que, con cada comida adicional, aminoran los problemas emocionales y conductuales, y aumentan el bienestar emocional y la satisfacción en la vida.[5]

Los investigadores también animan a los padres a apagar todos los artefactos electrónicos (no solamente la televisión, sino también teléfonos y tabletas) mientras comen. Como puedes imaginar, la calidad de comunicación mengua considerablemente cuando cada miembro de la familia está mirando una pantalla. Karol Ladd advierte:

Nada puede sustituir el contacto visual directo y dejar simplemente que nuestros hijos vean nuestra mirada de amor por ellos. Una madre feliz se esfuerza por comunicarse en la mesa para que sus hijos sepan que ella está escuchando. Cuando comprendemos que las hormonas enloquecen en nuestros hijos adolescentes, debemos escuchar un poco más, porque durante esa época ellos desean ser realmente oídos. Como padres queremos asegurarnos de que los hijos conozcan nuestras reglas. Si pudiéramos dar un paso atrás y simplemente escuchar (no cambiar nuestras normas) comprobaríamos que las reglas dan mejor resultado cuando nuestros hijos saben que han sido oídos.[6]

No debemos emular el estilo de muchas familias modernas que optan por comida rápida en el auto. Ni imitar a las que comen en restaurantes

---

4. Entrevista personal con Ruth Schwenk, 30 de enero, 2015.

5. Sharon Jayson, "Each Family Dinner Adds Up to Benefits for Adolescents", *USA Today*, 24 de marzo, 2013, www.usatoday.com/story/news/nation/2013/03/24/family-dinner-adolescent-benefits/2010731/ (consultado el 16 de febrero, 2015).

6. Entrevista con Karol Ladd.

mientras se concentran más en las pantallas que unos en otros. Tus comidas no tienen por qué ser siempre cocinadas en casa. Sin gluten, libres de grasa, recién horneadas o recalentadas... no importa. Lo que realmente importa es que tus comidas sean servidas con amor y regularidad alrededor de la mesa familiar. Sé contracultural. No tengas prisa por levantarte de la mesa, y recuerda apagar todas tus pantallas mientras comes.

El regreso del tiempo libre

El doctor Gary Chapman tiene este recordatorio para tomar las cosas con calma: "La vida tiene que ser equilibrada. En su mayor parte debe estar programada, pero ha de haber un tiempo en que no tengas que estar haciendo algo. Hay un tiempo para tomar un balde de agua, meter un palo dentro y revolver".[7]

Cuando piensas en los niños de todo el mundo, *jugar* es sin duda una característica de la infancia. Mediante los juegos, los niños aprenden a llevarse bien con los demás, a seguir reglas, a desarrollar intereses y competencias, y a experimentar alegría. Son elementos esenciales para convertirse en adultos. Sin embargo, el niño de hoy está demasiado ocupado para jugar con agua en un balde o hacer un fuerte de cajas de cartón. Por razones de seguridad no se le permite jugar con vecinos. Sencillamente, se ha perdido el juego no estructurado de la década de los cincuenta.

Un estudio de 1981 a 1997 reveló que los niños experimentaron una disminución del 25% en tiempo de juego y del 55% en tiempo de hablar con otras personas en casa.[8] En este mismo período, en los niños han aumentado la ansiedad, la depresión, los sentimientos de impotencia y el narcisismo.[9] En ejemplos recientes, un sorprendente 85% de jóvenes experimentan ansiedad y depresión en mayor medida que el promedio correspondiente al mismo grupo de edades en la década de los cincuenta.[10]

Piensa en esto. Cuando haces algo que disfrutas con amigas y ríes de

---

7. Entrevista personal con el doctor Gary Chapman, 14 de agosto, 2013.
8. Scott Dannemiller, "The One Question Every Parent Should Quit Asking", *HuffPost Parents* (blog), 20 de enero, 2015, www.huffingtonpost.com/scott-dannemiller/the-one-question -every-parent-should-quit-asking_b_6182248.html (consultado el 16 de febrero, 2015).
9. Peter Gray, "The Decline of Play and the Rise of Psychopathology in Children and Adolescents", *American Journal of Play* (primavera 2011), www.psychologytoday.com/files/attachments/1195/ajp-decline-play-published.pdf (consultado el 16 de febrero, 2015).
10. *Ibíd.*

buena gana, tu salud mental mejora de forma radical. Los niños necesitan ese tipo de tiempo libre para reír y divertirse en cualquier actividad sin el control excesivo ni la dirección de un adulto. Hay un montón de oportunidades para el enriquecimiento determinado a través de la educación, los deportes, la música o los clubes. Lo que más necesitan los niños en estos días es el juego no estructurado. No más tiempo de pantalla, sino más tiempo libre. Inactividad. Los que insisten en emular a los demás no te dirán esto, sino que opinarán que debes estar atareada con lecciones, citas, partidos y clubes para poder tener equilibrio. Pero los padres verdaderamente iluminados podrían dejar que sus hijos se sienten por un tiempo en el patio con solo un balde de agua y un palo.

Maravillosamente hechos

Como hija única, nunca experimenté rivalidad de hermanos o unión de hermanas. Pero presencio en primer plano las interacciones entre mis tres hijos. Hace algunos años me preocupaba que Noelle, mi hija mediana, pudiera sentirse excluida. Ethan es un gran triunfador; Lucy es la reina de la fiesta por ser la menor. Encontré una historia en la biblioteca acerca de un hijo mediano e hice que Noelle la leyera; a continuación le hice algunas preguntas. Resultó que a ella le encanta ser la del medio.

"No quisiera ser Ethan, porque tiene demasiada responsabilidad —afirmó—. Tampoco quiero ser Lucy. Ella es muy joven y no se le permite hacer muchas cosas. ¡Me *encanta* ser la del medio!". Noelle todavía valora mucho su posición en el orden de nacimiento.

Me gusta este ejemplo de ser feliz en tu propio lugar, sin competir ni desear ser como otra persona. Sin codiciar los trofeos, talentos o juguetes de los demás, tal como nos advierte el décimo mandamiento. Puedes disfrutar de ser formidable y maravillosamente hecha, diseñada tal como al Creador le plació.

Fern Nichols habla del gozo de ser madre, a pesar de los retos que tu hijo pueda enfrentar:

> Digamos que una madre tiene un hijo con necesidades especiales. Hay felicidad y regocijo al saber que cuando ella reflexiona en los versículos del Salmo 139, se da cuenta de que Dios ha tejido cada pequeña parte de ese niño en el vientre, que Él tiene un plan. Esa madre podría decir: "Este no es mi plan. Pero tú creaste a mi hijo, y todo lo que creas es perfecto. Es bueno. Por tanto, vas a obtener mayor gloria de la vida de este

niño teniendo en cuenta que lo creaste. Tú conoces el plan general". Eso es felicidad, y se origina en confiar en el Dios que sabe todas las cosas.[11]

En el versículo bíblico de hoy no dice: "Estad firmes y constantes, creciendo en la obra de quienes emulan a los demás", sino: "Estad firmes y constantes, creciendo *en la obra del Señor* siempre". Cuando actúas así, tu vida no será en vano. Sigue las prioridades que el Señor te da y encontrarás gozo.

~~~~~~~~~~ **Inyección de energía para hoy** ~~~~~~~~~~

Encuentra un tiempo en que tu hijo pueda jugar libremente hoy o mañana. ¡Más juego libre para tu hijo se traducirá algún día en más tiempo libre para ti!

~~~~~~~~~~ **Oración de hoy** ~~~~~~~~~~

Señor, quiero entregarme por completo a tu obra. Muéstrame las cosas únicas que estás haciendo en mi familia, y cómo puedo unirme a ti y no luchar contra ti. Dame sabiduría para saber qué actividades seguir y cuáles abandonar. Ayuda a nuestra familia a disfrutar de más comidas ininterrumpidas juntos, y tiempo libre para relajarnos y jugar.

---

11. Entrevista con Fern Nichols.

Día 28

Sí a ser un hogar ameno

Comeréis allí delante de Jehová vuestro Dios, y os alegraréis,
vosotros y vuestras familias, en toda obra de vuestras
manos en la cual Jehová tu Dios te hubiere bendecido.

DEUTERONOMIO 12:7

La caja hermosamente envuelta bajo el árbol de Navidad llevaba mi nombre. No me sorprendí al abrir el obsequio que James me dio: un par de elegantes patines de color negro y rosado, con ruedas en línea. Yo sabía que él los había solicitado con grandes esperanzas de que, junto con él y los niños, algún día yo fuera capaz de deslizarme por el hielo.

Recibí este regalo con una sonrisa *y* una mueca. Desde luego, me gustaría aprender a patinar con mi esposo. Como patinador, James era la sensación adolescente en la década de los ochenta, con un equipo portátil de música sobre los hombros. (Yo era la chica pegada al televisor sentada en el sofá). Yo sabía que necesitaría determinación, tiempo y gran cantidad de analgésicos y hielo para usar mi regalo de Navidad.

¿Por qué me ato esos patines y me pongo casco, muñequeras, rodilleras y hasta la camiseta de la humillación en mi ropa interior con el fin de acolchar mi trasero? Dos motivaciones sencillas: hacer feliz a James mediante la compañía recreativa y divertirme con mis hijos.

Los niños se fueron a patinar mucho más rápido que yo (no es ninguna sorpresa). Sentados en un banco del parque esperándome, coreaban: "¡Mami! ¡Mami! ¡Mami!", e incluso en medio de mi vergüenza, tuve que reír. *Esto es divertido,* me repetí una y otra vez. Sí, es una mentira, pero algún día espero que sea cierto. Fingiré hasta lograrlo.

A veces, divertirse como madre requiere un poco de esfuerzo, una dosis de humildad y capacidad para descubrir tu ridículo interior. Salgo de mi zona de comodidad y hago locuras, porque creo que vale la pena tener recuerdos divertidos juntos como familia. A mi mente vienen cosas como el patinaje, las artes marciales y las acampadas al aire libre. No tienes que ser particularmente buena o habilidosa; solo tienes que estar dispuesta a presentarte a la fiesta. Y ayuda bastante que no te tomes demasiado en serio. Mi chiflada y divertida amiga Hannah Keeley recuerda que su esposo le preguntó una noche:

—¿Te divertiste hoy?

—No, creo que no me divertí hoy —contestó ella después de reflexionar al respecto.

Hannah expresa:

> Al ir a dormir cada noche deberíamos preguntarnos: "¿Me divertí hoy?". Salmos 35:27 declara que Dios "se complace en el bienestar de su siervo" (RVA-2015). Creo que muchas veces caemos en este papel de ser una madre tirana. Pero si podemos encontrar tiempo, divertirnos y entendernos mutuamente… debemos abrir nuestros corazones y entender lo que produce emoción a los miembros de nuestra familia. ¡Conoce a las personas con quienes estás de fiesta![12]

Creo que una gran pregunta que debemos hacernos con regularidad es: *¿Me he divertido hoy?* Si ha pasado tiempo desde que podías responder esa pregunta con un sí, espera. Vamos a hablar sobre cómo convertir tu casa en la atracción de tu vecindario.

La madre festiva con propósito

Tal vez hayas oído hablar de *Una vida con propósito* de Rick Warren. ¿Sabes qué? Tu lado festivo también puede tener un propósito. Antes que Karol Ladd se diera a conocer a través de sus libros como la "Dama Positiva", era la "Dama Festiva". El primer libro que escribió cuando sus hijos estaban en edad preescolar y en el jardín de infantes fue *Parties with a Purpose* [Fiestas con propósito]. Tenía que ver con organizar fiestas divertidas y bíblicamente temáticas para hablar del amor de Dios con otras personas. Cuando sus hijas Joy y Grace crecieron, Karol quiso que su hogar fuera la casa del esparcimiento donde sus hijas y sus amistades quisieran estar.

No teníamos un montón de reglas cuando los niños llegaban. "No, no puedes hacer eso" y "No, tampoco puedes hacer

---

12. Entrevista con Hannah Keeley.

aquello" hará que los niños se vayan de tu casa muy rápido. Teníamos juegos divertidos y sencillos como pintar en la acera. Los niños se acostaban y miraban las nubes, jugaban en los irrigadores de agua, y hacían obras de arte en la mesa de la cocina. Teníamos tiempo de películas en casa con palomitas de maíz. Hacíamos boletos, usábamos dinero de juguete, y abríamos un puesto de comidas. Estas cosas crean recuerdos y experiencias agradables en el hogar.

Durante los años de colegio, Karol quiso que las amistades de sus hijas pasaran tiempo en la casa. Por eso siempre había a disposición deliciosa comida, incluso un tazón gigante de frutos secos.

Los chicos sabían que siempre eran bienvenidos. La puerta estaría abierta, y podían encontrar un buen bocado. Como tenían la posibilidad de comer fuera del colegio, durante el último año de mi hija, yo a veces entraba a la cocina sin que ella ni siquiera estuviera allí, pero sus amigos sí. Ellos sabían que nuestra casa estaba cerca y que era un lugar agradable en el cual estar.[13]

Cuando Ethan empezó el jardín de infantes en una escuela primaria de más de mil estudiantes, buscamos relacionarnos con otras familias, comenzando con el salón de clases de Ethan. Decidimos hacer una fiesta de helados. Imprimí una invitación sencilla, lo hablé con la maestra, y llené las casillas de los estudiantes con las invitaciones. Tuvimos la fiesta el primer viernes por la noche del año escolar. Todos llevaron helados o ingredientes para cubrirlos que pusieron a disposición. El costo fue mínimo y tuvimos la oportunidad de conocer a los futuros amigos de Ethan y sus familias. ¡Fue un gran éxito!

Desde entonces hemos celebrado fiestas de helado al principio de cada año escolar. Ha sido una tradición maravillosa. También organizamos una fiesta anual, tipo Navidad, en la que cantamos villancicos a nuestros vecinos y les hablamos de la verdadera historia de Navidad de la Palabra de Dios. Los chicos se reúnen alrededor del árbol de Navidad y escuchan mientras leo Lucas 2. En el fondo, los padres también escuchan... y ya está, tenemos una fiesta con propósito. Por esta vez nos saltamos el helado

---

13. Entrevista con Karol Ladd.

y, en lugar de eso, hacemos que las familias traigan galletas de Navidad para compartir. Por lo general, las galletas de mantequilla de maní son las culpables de mi aumento de peso en vacaciones, pero supongo que ya he confesado mi falta de control con las galletas.

¿Qué es lo tuyo?

Según habrás notado, a menudo la comida está relacionada con la diversión tratándose de niños, pre-adolescentes, adolescentes (y mamás). Dannah Gresh recuerda que siempre averiguaba qué tipo de comida le gustaba a su hijo Robby. En la enseñanza media era la "galleta asesina", una enorme galleta caliente con pepitas de chocolate cubierta de helado y caramelo blando. La comida era un divertido lenguaje de amor entre Dannah y su hijo. Ella buscaba maneras de relacionarse con Robby desde simuladores de juego con pistolas láser hasta lanchas rápidas. Dannah dice:

> No importa qué sea lo tuyo. Simplemente importa que haya algo. Puedes ser una mamá deportiva y ver partidos junto a tus hijos usando camisetas similares. En la enseñanza media toda nuestra familia jugaba con simuladores de juego con pistolas láser. No soy una chica para fútbol, ¡pero ponme en un simulador de juego con pistolas láser y ten mucho cuidado! ¡Te haré daño!
>
> Durante el colegio compramos una lancha rápida averiada. Lo nuestro era salir en la lancha. De lo que se trata es de ser intencionales respecto a encontrar actividades para relacionarnos. Tenemos tradiciones que hemos ido desarrollando toda nuestra vida, con las que los chicos han crecido. Cada año conseguimos nuestro árbol de Navidad el Viernes Negro. Hacemos un gran desayuno y salimos a conquistar el bosque y cortar un árbol. Siempre jugamos a "la abuela fue atropellada por un reno", porque somos así de refinados. Seguimos haciéndolo ahora que los chicos son adultos. Es lo nuestro.[14]

Por tanto, ¿qué es lo tuyo? ¿Qué tradiciones y actividades divertidas disfrutarás en tu hogar? ¿Y qué cosas divertidas harás simplemente por ti misma? No todo tiene que ser morir a una misma, como el hecho de estar atada a esos patines de la fatalidad. James recuerda que su madre

---

14. Entrevista con Dannah Gresh.

sacaba tiempo para seguir sus aficiones y lo que le interesaba. La señora navegaba, corría, salía con amigas y participaba en grupos de estudio bíblico. James comenta:

Veo mamás que no tienen pasatiempos que no sean sus hijos.
—¿Cuáles son tus aficiones? —suelo preguntar.
—No tengo aficiones. Tengo hijos —contestan.
—Pues bien, si tuvieras tiempo, ¿cuál sería tu pasatiempo?
—vuelvo a preguntar.
Entonces, de repente se les ilumina el rostro y se ponen felices.
Cualquier cosa llevada al extremo se convierte en un error. Tienes el papá que juega fútbol todo el fin de semana y nunca ve a su familia. No me estoy refiriendo a los extremos, sino a tener algunas aficiones divertidas aparte de los hijos. Eso es saludable para cualquier madre.

Por eso mi esposo, que me presiona para que patine, también me da mucho espacio para rejuvenecerme con pasatiempos que me agradan. Estos tienden a ser mucho más tranquilos y menos orientados al peligro. (¿Quién se lastimó alguna vez leyendo un libro o viendo una película?). Sal de tu calendario y de tu programación para divertirte un poco. Te alegrará hacerlo, ¡y a tus hijos también!

～～～

MENSAJE DE LAURA PETHERBRIDGE PARA MADRASTRAS

La madrastra debe reconocer que la familia tiene que crear nuevas tradiciones y nuevos recuerdos. No te enojes cuando los niños traigan a colación sus antiguos recuerdos de Navidad o de las vacaciones de verano. No te pongas celosa por eso. Al contrario, encuentra algunas maneras de crear nuevos recuerdos que tengan aspectos vinculados con los muchachos. Muchas cosas ocurren de modo espontáneo. Aquello de lo que mis hijastros y yo nos reíamos en realidad no era nada que yo planificara o creara. Intenta no estresarte por toda pequeñez. Deja de intentar que todo salga a la perfección, en especial durante las vacaciones.

Con desesperación quería que mis hijastros tuvieran estas maravillosas e idílicas vacaciones. Provengo de una gran familia italiana por parte de padre, e intenté tener este momento Norman Rockwell, como el padrino en mi casa. Ellos no tenían interés en nada de eso. Por supuesto, si yo hubiera sido su madre biológica, lo habrían querido. Pero los chicos no tienen relación familiar conmigo, por lo que aprendí a no ofenderme ni herirme por eso. Crea nuevos recuerdos con tus hijastros que te harán reír en el futuro. Veintiocho años después, las cosas de las que nos reíamos no son ninguna de las que yo creía que nos harían reír y que recordaríamos.[15] ✦

Inyección de energía para hoy

Pregúntate: "¿Me he divertido hoy?". Si la respuesta es no, nunca es demasiado tarde para cambiar eso. Tal vez puedas sentarte a tejer, caminar alrededor de la cuadra, jugar, observar un video chistoso o hacer cualquier cosa para divertirte.

Oración de hoy

Señor, quiero desbordar de alegría. No quiero limitarme a sobrevivir día a día como madre. Deseo tener diversión. Quiero que mi vida de fe sea atractiva para mis hijos. No deseo estar amargada, en tensión ni llena de ingratitud. Ayúdame a regocijarme en ti y a encontrar muchas razones para reír hoy.

---

15. Entrevista con Laura Petherbridge.

Día 29

Sí al servicio

El Hijo del Hombre no vino para ser servido, sino para
servir, y para dar su vida en rescate por muchos.

MATEO 20:28

M i amiga Gwen Smith ha sido llamada a dirigir la adoración. Aunque viaja mucho para hablar y cantar, también sirve en su iglesia local en el equipo de alabanza. Esto requiere algún sacrificio, en particular a las seis y veinte de la mañana los domingos cuando tiene que dejar su acogedor hogar para ir al ensayo, tomando solamente café. Gwen expresa:

> Mi familia también siente el sacrificio. Creo que es importante ser ejemplo: ustedes son mi familia, son mis hijos, pero no son mi mundo. Mi prioridad máxima es mi Señor. Mostrarles a mis hijos el servicio al Señor y a la iglesia puede equilibrarse con mi servicio a ellos.[16]

Si queremos que nuestros hijos encuentren satisfacción en servir a Cristo y a otros, debemos mostrarles cómo se hace. Eso puede lograrse a través de servir con gozo en nuestra iglesia local, de ser voluntaria en la escuela, de ir a breves viajes misioneros o de ahorrar para mantener a un niño en una tierra lejana.

Abraham Lincoln declaró: "Aliviar el dolor de otra persona significa olvidarnos de nuestro propio dolor".[17] La madre feliz se da cuenta de que el sendero hacia el gozo está pavimentado cuando se hace bien a otros en el nombre de Cristo. Vivir con egoísmo y acumular más cosas no trae gozo; pero servir a otros sí. Quizás pensemos que estamos protegiendo a nuestros hijos si les proporcionamos una vida suavizada y libre de problemas, carente de servicio sencillo. El promedio de niños

---

16. Entrevista con Gwen Smith.
17. http://www.goodreads.com/quotes/tag/volunteerism(consultado el 3 de febrero, 2015).

modernos rara vez tiene que agacharse para servir. Nosotras las madres somos quienes hacemos todo encorvadas. No es de extrañar que seamos tan infelices a veces.

La vida fuera de las paredes

Desde su hogar en Texas, Kristen Welch y su familia de cinco están influyendo en gran manera en las calles de Kenia, a través de Mercy House, un hogar para muchachas embarazadas.[18] Kristen siempre ha sido una madre voluntaria, pero recuerda haber puesto su enfoque en el *interior* de las paredes de su casa. A pesar de haber hecho muchas cosas basadas en la fe, se produjo un cambio que transformó su vida cuando comenzó a enfocarse en lo que su familia podía hacer *fuera* de esas paredes.

Como madre bloguera, Kristen fue invitada por Compasión Internacional a escribir acerca de los suburbios de Nairobi, Kenia, experimentándolos de primera mano. Ese viaje desencadenó una sucesión de acontecimientos y una serie de síes a Dios que llevaron a la fundación de Mercy House. Kristen sabía lo importante que era llevar a toda la familia abordo. Ella recuerda su primer viaje como familia a Kenia:

> Yo quería exponer a mis hijos al mundo y también deseaba que entendieran por qué estábamos sacrificándonos. Por qué estábamos tomando las decisiones de vida que tomábamos. Quería que ellos abrazaran un bebé y entendieran el poder de un sí.
>
> Lo que terminó siendo realmente poderoso para mí como madre fue ver que familias destruidas del otro lado del mundo nos miraran y, por primera vez, observaran a una familia completa. Nunca olvidaré cómo, dos semanas después, mi hija menor que acababa de cumplir cuatro años estaba totalmente adaptada. Me estaba desobedeciendo, portándose como cualquier niña normal. La llevé a un lado y la discipliné, y los residentes alcanzaron a oírme. Al principio me sentí avergonzada, pero a ellos les encantó. Manifestaron: "Nunca hemos visto a una madre disciplinar a su hija por amor". Esta fue una gran realidad para estas personas.
>
> Servir como familia ha producido cosas realmente buenas, pero también ha revelado nuestra humanidad. No todo

---

18. Para saber más sobre Mercy House, visita www.mercyhousekenya.org.

es agradable y limpio. Es trabajo, y hay quejas y llantos. "¿Por qué tenemos que hacer esto?". Forma parte del servicio. Hablo con madres que declaran: "Bueno, mis hijos se quejan". ¡Bienvenidas al club! Yo también me quejo. Hace calor y estoy cansada, pero eso no significa que no sirvamos. Dios usa ese caos para traerle gloria. Cuando le decimos sí a Él y a las cosas eternas que importan, algo muy satisfactorio sacia el alma y se produce muy hondo en nuestro interior. Se derrama de veras sobre nuestras familias y nos hace personas diferentes.

Localmente, la familia de Kristen trabaja con refugiados en su ciudad. Ella recuerda que se ofreció como voluntaria para una enorme venta de garaje en la que había tal falta de personas, que sus hijos terminaron desempeñando papeles clave. Los muchachos de catorce y doce años se encargaron de enormes superficies, y el de siete años los ayudó. Fue un día de diez horas, y Kristen recuerda que miraba hacia el estacionamiento donde sus hijos se hallaban, y se sentía culpable. En el camino a casa, los muchachos le agradecieron y le dijeron que fue el mejor día de sus vidas.

Esto me recuerda la cita del entrenador John Wooden: "No puedes vivir un día perfecto sin hacer algo por alguien que nunca podrá pagarte".[19] Kristen declara:

> Cuando logramos encender la pasión en nuestros hijos, ampliarles su visión del mundo, y cambiarles su perspectiva de cómo viven otras personas, estamos dándoles lecciones de vida. Mis hijos siguen siendo normales. No siempre están ansiosos por ir a servir a alguien, pero ven el mundo de forma distinta, lo cual me hace muy feliz. Todos estamos más contentos. Ellos están más agradecidos por lo que tienen.
>
> Creo que debemos rechazar los requisitos que nuestra cultura impone en todo… Siempre queremos más grande y mejor. El reino de Dios es al revés, no como el mundo lo ve. Jesús quiere esos pequeños síes. En ellos es donde lo encontramos.[20]

Participa en un proyecto de servicio

Las oportunidades de servir pueden llevarte al otro lado del mundo

---

19. www.brainyquote.com/quotes/quotes/j/johnwooden106293.html (consultado el 19 de febrero, 2015).

20. Entrevista con Kristen Welch.

o solo calle abajo. Para nuestro proyecto familiar de servicio decidimos concentrarnos en la escuela primaria de los niños, iniciando un club bíblico después de clase. Una investigación en línea nos llevó a Sonshine Haven, una organización sin ánimo de lucro dedicada a inculcar carácter piadoso y habilidades de vida soportable para niños a través de un programa, después de clase, llamado Sonshine Club. Nos convertimos en su club número cuarenta. Cada viernes que la escuela está reunida, mi familia está allí en el salón de usos múltiples, durante una hora, con sesenta y cinco maravillosos (y ruidosos) niños desde el jardín de infantes hasta sexto grado.

Contamos con un equipo de voluntarios que incluyen madres de escolares y maestros jubilados de nuestra iglesia. Entonamos cánticos de adoración, organizamos juegos, servimos refrigerios, presentamos una lección bíblica, y tenemos diálogos en grupos pequeños. ¿Se necesita esfuerzo para servir? Claro que sí… resulta ser un enorme compromiso de tiempo semanal y un montón de detalles (imagíname examinando formularios de permiso y escribiendo hojas de asistencia). ¿Vale la pena? A muchos niveles, ¡un sí rotundo! En un ambiente de escuela pública mis hijos están aprendiendo a invitar a sus amigos a Sonshine Club y hablar del amor de Dios sin avergonzarse. Tienen varios amigos que asisten, por lo que estamos conociendo a las amistades de nuestros chicos y enseñándoles valiosas verdades de la Biblia.

James y yo servimos juntos, lo cual es una gran ventaja. Sabes lo difícil que puede ser encontrar un proyecto de servicio que sea significativo tanto para el esposo como para la esposa. Ya que tenemos tres hijos en la escuela, dirigiremos Sonshine Club por mucho tiempo. Imagina el impacto potencial de un ministerio semanal en la vida de un alumno desde el jardín de infantes hasta sexto grado. Esta es una nota que recibí de una niña de cuarto grado:

Apreciada maestra Arlene:

Gracias por ayudarnos a aprender de la Biblia. Me gusta estar aquí y lo valoro mucho.

¿Qué es aún más agradable? Que nuestros hijos están aprendiendo a servir junto con nosotros. Ellos hacen obras de teatro, preparan boletos, compran premios conmigo (les encanta esta parte), y ayudan a limpiar cada semana. Antes de que pongas a mi familia en un pedestal tambaleante debes saber que hay varias semanas en que no me pondría mi camiseta color turquesa de Sonshine Club ni dirigiría una carrera de relevos para sesenta y cinco niños hiperactivos. Pero me presento cada semana, porque esto está en el calendario. Podríamos comenzar un proyecto de servicio, porque algo toca las fibras de nuestro corazón, pero las emociones se desvanecen y tenemos que hacer que el calendario ordene nuestros sentimientos. Que exista un proyecto familiar recurrente y programado de servicio es una manera poderosa de entretejer el servicio en la tela de nuestra familia.

No hay duda en mi mente de que Dios nos dirigió a participar en Sonshine Club. No fuimos dirigidos a empezar una organización sin ánimo de lucro en Kenia como la familia de Kristen, sino a dirigir un club bíblico después de clase en nuestra comunidad. El propósito de la lectura de hoy no es preguntar: "Por consiguiente, ¿cuál será ese ministerio? ¿Vas a comenzar ahora una organización internacional no lucrativa o un club bíblico?".

La pregunta es: "¿Cuál es la manera en que Dios está *llamándote* a servir?". Como a Kristen le gusta decir, a Dios le importa tu sí.

Los quehaceres en el hogar no matarán a tu hijo

Tu hijo también puede aprender sobre el servicio en la comodidad de tu propia casa, haciendo quehaceres y ayudándote. ¿Puedo escuchar un amén? Las tareas desarrollan trabajo en equipo y batallan contra ese temido espíritu de exigir privilegios que prevalece en la cultura juvenil moderna. Los quehaceres enseñan una buena ética laboral y desarrollan competencia y confianza en el niño. Investigadores compararon niños que hacían tareas domésticas diarias con otros que no. He aquí lo que descubrieron:

> Los niños que realizaban tareas domésticas mostraban mayor compasión por sus hermanos y por otros miembros de la familia que los niños quienes no participaban de la responsabilidad familiar. Lo más interesante fue que no todos los quehaceres son iguales. Los chicos que hacían tareas de atención familiar, como poner la mesa, alimentar al gato o traer leña mostraban más interés por el bienestar de los demás que los que solo tenían responsabilidades de atención personal, como hacer su camas y colgar su propia ropa.
>
> Esta investigación valida lo evidente. Siempre que los

niños participan en el cuidado a otros se vuelven sensibles a la necesidad humana. Incluye a tus hijos en la experiencia de servir diariamente a otras personas.[21]

Ir hasta lo último de la tierra para servir muy bien podría comenzar con poner la mesa y descargar el lavavajillas. Empieza sirviendo dentro de las paredes de tu casa y, al poco tiempo, tu corazón de servicio en familia se desbordará hasta bendecir a otros en tu calle, en tu ciudad y en todo el mundo.

Inyección de energía para hoy

Este es el único paso de acción en el libro sobre compras, lo cual es una inyección de energía para muchas de las lectoras. Visita la página web de Kristen en MercyHouseKenya.org, compra en el mercado mundial de la tienda en línea, y echa un vistazo a la feria del viernes.

Oración de hoy

Sé que la Biblia dice que el Hijo del Hombre no vino para ser servido, sino para servir. Señor, ayúdame a seguir tu ejemplo de ser una sierva. Háblame hoy sobre una manera específica de servirte esta semana. Ayúdame a notar proyectos de servicio en que mis hijos puedan participar. Crea en mí un corazón de servicio y en el corazón de mis retoños.

---

21. Gary y Anne Marie Ezzo, *Growing Kids God's Way*, quinta edición. (Simi Valley, CA: Biblical Ethics for Parenting, 1999), p. 135.

Día 30

Sí a la misión imposible

Jesús le dijo: Si puedes creer, al que cree todo le es posible.

MARCOS 9:23

Ethan se sentó sonriente en el carrito de compras mientras yo corría a toda velocidad alrededor de la tienda llena de pánico. ¿Habría una explosión? Yo había llevado ropa de repuesto, ¿pero y si necesitaba una toalla para limpiar el desorden? Era la primera vez que Ethan se hallaba en público sin un pañal. Mi bebé estaba usando ropa interior de niño grande. Yo lo observaba constantemente, en busca de alguna señal de inminente micción. Yo era la que estaba hecha un lío. Ethan, por otra parte, permanecía limpio y seco.

Durante esa etapa de entrenamiento de baño sentí que era una misión imposible salir por largos períodos sin una red de seguridad. Ir al baño no es ninguna novedad ahora. Ese tipo de entrenamiento parece algo insignificante en comparación con la educación media, las hormonas descontroladas, y algún día tener que pagar la universidad. Ser madre es como ser un agente especial al que constantemente le están dando misiones imposibles de lograr. Cuando una está terminada, le asignan la siguiente.

La actitud juega un papel muy importante en nuestro éxito. Noelle suele decirme: "Mamá, si crees que no puedes hacerlo, entonces no puedes. Pero si crees que puedes, ¡entonces sí puedes!". Podemos ver las posibilidades en contra nuestra y tirar la toalla. O podemos seguir adelante con valentía. He aquí algunas misiones al parecer imposibles hoy día, que son posibles con la ayuda de Dios. Seamos contraculturales.

Cómo criar hijos generosos en un mundo que dice "dame"

El pastor y escritor Dave Stone escribe en *How to Raise Selfless Kids in a Self-Centered World* [Cómo criar hijos caritativos en un mundo egocéntrico]: "Si vivimos con una actitud de generosidad, este puede ser un aspecto clave de nuestro legado y una característica que aparecerá una y otra vez en las ramas de nuestro árbol familiar".[22] Cuando su iglesia realizó una campaña para la construcción del templo, hace algunos años, el hijo de Dave, Sam, de nueve años, rellenó una tarjeta de compromiso para contribuir con doscientos dólares… toda su asignación mensual durante dos años. Dave escribe:

> Cada semana él daba a la iglesia hasta el último centavo de sus ingresos. No gastaba dinero. Nada de helados. Como a los nueve meses del compromiso hablé en un retiro de padre e hijo en Texas, y Sam fue conmigo. Le pidieron a Sam que hablara por unos minutos de cómo, siendo todavía un niño, estaba viviendo para Cristo. Así que Sam expresó algunos pensamientos y luego entonó una canción de rap cristiano que había aprendido de memoria. Les gustó tanto el rap que le pidieron que lo volviera a cantar el domingo por la mañana en todas sus reuniones de adoración… para cerca de cuatro mil personas. La semana siguiente, Sam recibió por correo un cheque, una ofrenda de amor, por así decirlo, en agradecimiento por lo que había manifestado. ¿Alguna conjetura sobre la cantidad? Así es. Exactamente doscientos dólares.[23]

Cuando tus hijos están expuestos a tu generosidad, se esforzarán por ser generosos. Dios se da cuenta, y tu hijo aprenderá con certeza que es más bienaventurado dar que recibir.

Crianza bíblica de hijos en un mundo bíblicamente analfabeto

Según el informe de 2014 del Grupo Barna y American Bible Society acerca del "Estado de la Biblia", el 81% de los adultos estadounidenses afirman tener mucha, moderada o alguna información sobre la Biblia. Sin embargo, solo un 43% de ellos pudieron mencionar el nombre de los cinco primeros libros de la Biblia.[24]

Kenneth Berding, profesor de Nuevo Testamento en mi alma máter de la Universidad Biola, asegura: "Mi propia experiencia durante los últimos

---

22. Dave Stone, *How to Raise Selfless Kids in a Self-Centered World* (Nashville, TN: Thomas Nelson Publishers, 2012), p. 81.

23. *Ibíd.*, pp. 80-81.

24. Lillian Kwon, "Biblical Illiteracy in US at Crisis Point, Says Bible Expert", *Christian Post*, 16 de junio, 2014, www.christianpost.com/news/biblical-illiteracy-in-us-at-crisis-point-says -bible-expert-121626/ (consultado el 4 de febrero, 2015).

quince años dictándoles una clase a estudiantes nuevos de primer año me sugiere que aunque los alumnos de hace quince años sabían poco de la Biblia al entrar a mis clases, el promedio de los actuales saben aún menos al respecto". Por ejemplo, uno de sus estudiantes no sabía que Saulo en el Nuevo Testamento era diferente del rey Saúl del Antiguo Testamento.[25] Aquí algunas ideas para criar hijos que conozcan y atesoren la Palabra de Dios:

- Léeles una historia bíblica a tus hijos todas las noches a la hora de acostarse. A medida que crezcan, este tiempo nocturno se transformará en su lectura bíblica.
- Crea un plan factible de lectura bíblica en la enseñanza primaria superior.
- Establece objetivos como "Leer el Nuevo Testamento antes de terminar sexto grado". Haz una fiesta familiar cuando se cumplan los objetivos.
- Memoriza con ellos versículos bíblicos. Haz concursos completos con premios en dinero en efectivo: hermano contra hermano e hijo contra padre.
- Entona cánticos que contengan pasajes bíblicos. Algunos de mis artistas favoritos son Seeds Family Worship y Go Fish Guys.[26] También existen destacados grupos y adoradores latinos.
- Permite que tus hijos te vean a menudo leyendo la Biblia.

Crianza académica de hijos en un mundo con TDAH

¿Recuerdas a mi amiga la doctora Jennifer Degler que se sentó a llorar ante un enorme montón de libros, tras conocer el diagnóstico de TDAH de su hijo Jake? En el estado donde ella reside, a los estudiantes no les hacen pruebas para evaluar los problemas de aprendizaje hasta segundo grado. Jennifer era consciente de cuánto perdería su hijo si esperaba, así que corrió con los gastos para que lo examinaran en el jardín de infantes.

El examen demostró que Jake tenía alto riesgo de fallar por completo en lectura. En lugar de aceptar esa predicción, la familia de Jennifer ahorró y vivió con frugalidad para que el niño pudiera ir a un centro de lectura donde tuviera un tutor tres veces por semana. Jennifer recuerda cómo usó el Señor Juan 9 y la historia del hombre que nació ciego.

---

25. *Ibíd.*
26. Para saber más acerca de Seeds Family Worship y Go Fish Resources, visita www.seedsfamilyworship.com y www.gofishguys.com.

Le preguntaron sus discípulos, diciendo: Rabí, ¿quién pecó, éste o sus padres, para que haya nacido ciego? Respondió Jesús: No es que pecó éste, ni sus padres, sino para que las obras de Dios se manifiesten en él (Jn. 9:2-3).

Jennifer declaró: "Estaba tratando de averiguar qué había hecho para que Jake padeciera esto. Fue una de las pocas veces en mi vida en que oí al Señor decirme, de un modo casi real: 'Jennifer, me verás glorificado a través de lo que voy a hacer en Jake'".

En algún momento, cuando Jake estaba en quinto grado, Jennifer lo oyó leyendo en voz alta en la otra habitación, y comenzó a llorar, porque no sabía que el niño pudiera leer tan bien. En la clausura del quinto grado, la maestra de Jake le otorgó el reconocimiento de estudiante del año. Jake estaba en la lista de la directora por sus calificaciones A y B. Jennifer quería subirse a la silla y gritar: "¿Quién ha visto la gloria del Señor? ¡Yo la he visto!". Pero sabía que sería embarazoso.

En sexto grado, Jake fue examinado en la clase de matemáticas avanzadas. Hacia el final de octavo grado, la escuela lo volvió a examinar, y ya no dio muestras de desorden alguno del aprendizaje. En undécimo grado, Jake escogió historia estadounidense avanzada y obtuvo una C en su primer semestre y una B en el segundo.[27]

No te rindas. Persiste en invertir en la lectura y la orientación de tu hijo. Con el tiempo verás resultados que también te provocaran ganas de gritar.

Cómo criar seguidores de Cristo en un mundo pródigo

Después de graduarse del colegio, muchos adultos jóvenes dejan de ir a la iglesia y cuestionan las creencias de su infancia. Según un estudio Barna, el 61% de los veinteañeros que han asistido a la iglesia en algún momento de su adolescencia están ahora espiritualmente desconectados (no asisten activamente a la iglesia, no leen la Biblia ni oran).[28] Como padres debemos seguir orando y creyendo para que los hijos pródigos regresen al hogar.

Janet Thompson recuerda la época en que, siendo madre soltera, criaba a su hija:

---

27. Entrevista con la doctora Jennifer Degler.
28. "Most Twentysomethings Put Christianity on the Shelf Following Spiritually Active Teen Years", Grupo Barna, www.barna.org/barna-update/article/16-teensnext-gen/147-most-twenty-somethings-put-christianity-on-the-shelf-following-spiritually-active-teen-years#. VOTc92BMvGg (consultado el 16 de febrero, 2015).

Según las normas del mundo, yo tenía éxito. Económicamente me iba bien, pero aunque estaba criando a mi hija en esos años de formación, me hallaba en retroceso y ella se volvió igual a mí. Cuando mi hija cumplió dieciséis años, tuve un momento de lucidez y volví a dedicar mi vida a Cristo en una cruzada evangelística. Creí que mi hija daría un cambio de rumbo igual que yo, pero ella no quiso saber nada al respecto. Pensó que me había vuelto rara y que alucinaba. Abandonó la universidad para irse a vivir con su novio, y eso me destrozó el alma.

Arrodillada, clamé: "Señor, lo he intentado todo". Comencé a orar pasajes bíblicos todos los días durante seis años. Al principio, mi hija se ofendió porque yo creía que ella necesitaba oración. Pero seis años después comenzó a hacer algunos cambios. Salió con un incrédulo y se comprometieron. Les dimos un curso prematrimonial basado en la Biblia, ¡y ambos fueron salvos! Los bautizamos dos semanas antes de la boda. Esto era más de lo que me había atrevido a soñar. Ahora damos charlas juntas, y la gente le pregunta a mi hija: "¿Cómo te sientes acerca de que tu mamá te llamara hija pródiga?". Y ella contesta: "Bueno, ¡yo lo era!"[29]

Dios es fiel, y con regularidad va tras los hijos pródigos, incluso antes de que caminen por el pasillo. Al Señor no le intimida lo imposible. El versículo de hoy, Marcos 9:23, es la respuesta de Jesús a la súplica de un padre por la sanidad de un hijo endemoniado. ¿Qué reto podría ser más imposible para un progenitor? Observa el intercambio entre un padre desesperado y Jesús en el pasaje completo en Marcos 9:22-24:

> Si puedes hacer algo, ten misericordia de nosotros, y ayúdanos. Jesús le dijo: Si puedes creer, al que cree todo le es posible. E inmediatamente el padre del muchacho clamó y dijo: Creo; ayuda mi incredulidad.

Clamemos como este padre. Si tu misión imposible en estos momentos tiene que ver con enseñar a tu hijo a ir al baño, con lograr que duerma toda la noche, o esté relacionada con pornografía en un teléfono inteligente, sé consciente de que tu Padre celestial te observa. Él te preparará

---

29. Entrevista con Janet Thompson.

para hacer lo imposible. Tu misión como madre será un éxito cuando sigas a tu comandante: Jesucristo.

Inyección de energía para hoy

Es hora de realizar un chequeo rápido de actitud. Rodea con un círculo las frases que te digas más a menudo:

Puedo…

No puedo…

Creo…

No creo…

Oración de hoy

Señor, rindo ante ti mis misiones imposibles. Tú sabes lo que está sucediendo hoy en el corazón de mis hijos. Toma mis preocupaciones de madre y dame valor para enfrentar los retos con fe. Creo en ti; ayúdame en mi incredulidad. Mantenme en la tarea, en la misión, de criar hijos que te amen y guarden tus mandamientos. Que nuestra familia sea una luz para ti.

Día 31

Sí al nido vacío

*Herencia de Jehová son los hijos; cosa de estima el
fruto del vientre. Como saetas en mano del valiente,
así son los hijos habidos en la juventud.*

Salmos 127:3-4

Cuando mi amiga Nikki estaba embarazada de su primer hijo (un varón), asistió a la boda del compañero de trabajo de su esposo. Ella ni siquiera conocía a la pareja, sin embargo lloró durante todo el acontecimiento. Su esposo le preguntó qué sucedía. Nikki dijo haber comprendido que un día *ella* sería la mamá que estaría entregando a su hijo en matrimonio. Quiso consolar a la madre del novio y decirle que entendía lo que estaba experimentando.

Sin lugar a dudas, las madres estamos intrínsecamente atadas a nuestros hijos (¡aun antes de que nazcan!). Pero Dios no nos diseñó para estar *permanentemente* atadas. Los hijos son como flechas. Su propósito es ser disparados hacia el mundo para ser útiles, no para que los conservemos en la aljaba de nuestros hogares, viviendo con papá y mamá a lo largo de la edad adulta. Para ser madres felices debemos hacer las paces con ese nido vacío futuro.

Recuerdo haber asistido a un evento con mi consejera Pam Farrel. Cuando íbamos, me preguntó si podíamos parar rápidamente en casa de una amiga que se hallaba justo en el camino. Mientras estábamos sentadas conversando en la sala de la amiga, no pude dejar de observar la casa. Limpia, espaciosa y recientemente aspirada. Pero lo que más me sorprendió fue el silencio. Todos sus hijos habían crecido y se habían ido. Estoy segura de que la casa era muy ruidosa en su apogeo. Las fotos de los hijos que se alineaban en paredes y repisas daban fe de ello. Pensé: *Algún día mi hogar será así de tranquilo. Lo único que tendré en la casa serán fotos.*

Como mi amiga Nikki, algunas lectoras echarán ahora mano de un pañuelo de papel. Otras desearán avanzar rápidamente hacia ese día de libertad. No importa en qué punto del proceso te encuentres, ese nido vacío se acerca.

Hace unos meses, Lucy estaba aprendiendo a montar en bicicleta. Yo caminaba detrás de ella y le daba instrucciones.

—Estás demasiado cerca de la acera. Ve más despacio. Rodea el badén. ¡Cuidado! —grité.

—¡Me tienes agobiada! —exclamó ella en total exasperación, hastiada de mi flujo continuo de instrucciones.

Así que dejé de dar órdenes. ¿Y sabes qué pasó? Lucy arrancó en su bicicleta, totalmente por su cuenta. No pude seguirle el paso. Cuando finalmente me quedé callada, ella comenzó a volar. Si mantenemos a nuestros hijos "bajo control" cuando deberíamos dejarlos ir lentamente, podemos hacer que se sientan fuera de control. Nuestro revoloteo los hace retroceder.

Mi amiga Gwen Smith recuerda la primera vez que sus muchachos salieron en un auto… totalmente solos:

> Ayer se fueron solos al grupo de jóvenes y a jugar voleibol, ¡y me sentí liberada! Ya no tengo que llevarlos más, porque he sido una taxista importante durante diecisiete años. Pero también hay un componente de *Oh, ahí va mi corazón*. Este es un nivel totalmente nuevo de confianza en Dios. Es lo que estoy averiguando sobre los años de adolescencia. Se trata de liberación tras liberación.[30]

La universidad

Karol Ladd se asustaba un poco al pensar en el nido vacío. Ella se preguntaba cómo sería el día en que sus dos hijas salieran de la casa. Pensaba en lo mucho que las extrañaría:

> Uno piensa: *¿Quién soy sin ellas?* Nuestra identidad a veces queda enmarcada en ser una madre y en criar a nuestros hijos. Entrar en la etapa del nido vacío fue una gran transición, pero buena. Significó que mis hijas estaban volando por su cuenta. Se estaban convirtiendo en quienes Dios quería que fueran.
>
> Recuerdo el mismo día que Joy salió para la universidad. Mi esposo y yo regresamos a casa. Sonreímos, nos besamos,

---

30. Entrevista con Gwen Smith.

y dijimos: "¡Estamos solos!". Yo le diría esto a toda esposa y madre: es muy importante mantener una relación fuerte con tu esposo, porque antes de que te des cuenta, cuando llegue el nido vacío, estarán solos durante un tiempo.

Aunque hablemos del nido vacío, seguimos sirviendo a nuestros hijos. Cuando salen para la universidad, todavía necesitan a su madre. Aún precisan de mí de un modo distinto. Me llaman, lloran o hablan de lo que están pasando. Siguen necesitando consejo... y muchísima atención. Creo que posiblemente uno de los mensajes más importantes para una madre feliz es ser *flexible* y reconocer que cada etapa solo es temporal. Sé feliz en cada una de ellas. Disfruta y acepta cada etapa de la vida de tu hijo, hasta la del nido vacío.[31]

Marci Seither, madre de seis hijos, tuvo bebés en tres décadas, comenzando en la de los ochenta. Ella escribe en *Empty Nest: Strategies to Help Your Kids Take Flight* [Nido vacío: Estrategias para ayudar a tus hijos a alzar el vuelo], sobre un viaje que hizo con sus amigas. Descubrió que era una de las pocas mujeres allí presentes que no consumía ningún tipo de antidepresivo.

La pregunta más importante que me hicieron fue: "¿Cómo le haces frente?". Volví a pensar en las generaciones en que los vecinos se conocían unos a otros, y en las mujeres que se reunían para aprender lo básico de los enlatados y la costura. También se apoyaban mutuamente en épocas de transición. La sensación de comunidad era fuerte, porque no estábamos inundadas por socialización artificial. Una amiga verdadera es mucho mejor que cien amigas virtuales. Podemos estar conectados a través de la red con todo el mundo, pero nuestro nivel de soledad está creciendo.

Cuando nuestros hijos dejan el hogar y nuestra rutina se vuelve muy distinta, es importante que salgamos de lo convencional y hagamos nuevas amistades, que vayamos tras nuevos intereses, y volvamos a relacionarnos con personas que se preocupan por nosotras.[32]

---

31. Entrevista con Karol Ladd.
32. Marci Seither, *Empty Nest: Strategies to Help Your Kids Take Flight* (Kansas City, MO: Beacon Hill Press, 2014), pp. 145-46.

Tratar con la transición, a menudo difícil, hacia el nido vacío empieza por la búsqueda de una amiga que la entienda. Tus hijos, jóvenes adultos, no deben ser los únicos en crear nuevas relaciones sociales cuando salen de casa. Tú también debes hacerlas.

Madre rica, madre pobre

Nuestra cultura equipara el ser ricos con tener posesiones materiales. Sin embargo, ser una madre rica tiene muy poco que ver con nuestra cuenta bancaria y mucho con el legado. El apóstol Pablo atribuyó la madurez espiritual de Timoteo a Eunice, la madre, y Loida, la abuela (2 Ti. 1:5). Sin la presencia de un padre creyente, la rica herencia espiritual de Timoteo le fue transmitida por su madre y su abuela. Janet Thompson comenta:

> ¡Qué legado! Una fe rica y sincera transmitida por ti. Nada puede ser mejor que poder decir que les pasaste a tus hijos y nietos el amor por Jesús. No sabes cuánto tiempo tienes para dejar un legado. Quienes ya somos abuelas tenemos el privilegio de contar con ese tiempo.
>
> Es un gran gozo ser mamá. Las madres más jóvenes podrían pensar: *Voy a ser mamá hasta que mis hijos se casen.* No obstante, aprendí que la maternidad jamás termina. Nunca dejas de ser madre, solo cambia la forma de serlo. Sigues teniendo una parte importante en la vida de tus hijos no criticando, sino animando de manera útil. Cuando vienen los nietos, es una grata sorpresa. Otra generación por la cual orar y a la que tener en tu vida. Ese fue el plan de Dios para nosotras. Nunca nos jubilamos de la maternidad.[33]

La madre pobre es una mamá que se niega a transmitir la fe en Cristo a sus hijos. En Salmos 78:5-7 leemos:

> El estableció testimonio en Jacob, y puso ley en Israel, la cual mandó a nuestros padres que la notificasen a sus hijos; para que lo sepa la generación venidera, y los hijos que nacerán; y los que se levantarán lo cuenten a sus hijos, *a fin de que* pongan en Dios su confianza, y no se olviden de las obras de Dios; que guarden sus mandamientos.

---

33. Entrevista con Janet Thompson.

Vuelve a leer el pasaje, poniendo ahora el énfasis y la atención en esa frase en cursivas *a fin de que.* No dejes pasar el momento. ¿Cuándo ponen tus hijos su confianza en Dios? Después de que *tú* les hables y seas ejemplo de obediencia frente a ellos. Tus hijos conocerán los mandamientos de Dios a través de tu enseñanza. No te quedes callada respecto a las cosas espirituales. Mientras tus hijos estén bajo tu techo háblales constantemente de los mandamientos y del carácter de Dios, así como de las cosas maravillosas que Él ha hecho en tu vida.

Cuando llegue el momento de que tu hijo alce el vuelo, estará listo para remontarse hacia Dios y transmitir la fe a la próxima generación.

Cuando Lucy tenía cuatro años, observó cómo un mirlo se posaba en nuestra cerca y luego volaba. Declaró con sentimentalismo: "Por lo general, cuando se posan en la cerca están listos para volar".

Nuestros hijos están diseñados por su Creador para volar. Cuando están posados en la cerca, mirando hacia el ancho y enorme mundo e inclinándose al frente, sabemos que se están preparando para alzar el vuelo. Los mismos niños pequeños que afirman: "Mami, ¡quiero estar contigo para siempre!", empacarán algún día sus pertenencias y abandonarán nuestro nido.

A Noelle le gusta llenarme de besos y abrazos, cuando salgo para el supermercado o me despido por la noche. Exclama: "¡No quiero dejarte ir!". Es inevitable que un día Noelle se vaya, pero siempre puedo tenerla en mi corazón. Después de todo, siempre seré su madre.

Inyección de energía para hoy

Si estás sintiéndote un poco sofocada por tus hijos, o si uno de ellos está poniéndote nerviosa, recuerda al pequeño mirlo posado en la cerca. Algún día, tus hijos se habrán ido de tu nido. Ten visión y disfrútalos hoy.

Oración de hoy

Señor, tu Palabra dice que los hijos son herencia tuya. Gracias por el rico tesoro de mis hijos. Los libero hacia ti. Sé que con el tiempo se volverán adultos, y mi oración es que te sigan todos los días de sus vidas. Que hoy puedan experimentar vida abundante y gozo. Y que todos puedan habitar en tu casa para siempre.

Conclusión

¡Sonríe, por favor!

Esperábamos embarcar en un largo vuelo de Baltimore a San Diego, y me fijé en una madre que se parecía a la actriz Jennifer Garner, pero con el cabello rojo. Llevaba una bebita atada al pecho y a una niña pequeña de la mano. La bebita lloraba como todos los bebés de las demás personas en la puerta, pero había algo muy extraño en esta mamá. Era feliz. Estaba tranquila y sonreía de oreja a oreja a los demás pasajeros. ¿Acaso no era consciente de que debía estar estresada al pensar en viajar con dos niñas menores de dos años? Otras mamás hacían callar a sus niños pequeños y los perseguían, mientras levantaban y bajaban nerviosamente a sus bebés. Así es, sin duda, como yo me veía cuando mis hijos tenían esa edad.

Por supuesto, esa madre feliz pudo haber nacido con mejor disposición que la mayoría y tener una personalidad totalmente relajada. Pero me aventuro a decir que muchos días ella decide sonreír. Esta mujer hace un esfuerzo consciente por no asustarse, y simplemente disfrutar los momentos con lo mejor de su capacidad… incluso vuelos a través de la nación.

Mi familia de cinco ocupó dos filas en el avión cerca de esta madre feliz. Más o menos a las tres horas de viaje, una de las azafatas se inclinó sobre mí y me preguntó cómo estaba. "Atesora estos días —me dijo con una sonrisa en los labios—. Chasqueas los dedos, y se habrán ido. Mis hijas tiene veintisiete y veintiocho años, y viven al otro lado de la nación".

Atesora estos días. También has oído ese consejo, ¿verdad? Cuando mantienes esta perspectiva, ser madre se convierte más en una alegría y menos en una tarea. Los vuelos a través de la nación no son tan malos cuando recuerdas que solo es cuestión de tiempo que no estés viajando *con* tus hijos, sino para ir a *visitarlos*.

Tengo la alegría de vivir en la misma ciudad que mis padres, así que suelo visitarlos con frecuencia. Mamá es la mujer más feliz que he conocido. Comparada con ella, yo soy tranquila. Ella ríe cuando atraviesa dificultades, y te saludará como si te conociera desde hace años. Le pregunté a mamá si tenía algún consejo. Acomódate en la silla, ahora va a hablar el compendio de la felicidad. Ella dijo:

> Dios nos concedió libre albedrío, y podemos decidir qué hacer cuando afrontamos una situación difícil que no hemos escogido. Es fácil ser feliz cuando todo está saliendo como queremos. Cada mañana elegimos qué ponernos. De igual modo, también elegimos qué actitud vamos a tener durante el día. Los problemas nos acosan en la vida. Podemos elegir ser vengativas, estar enojadas o no tener esperanza. Podemos sentirnos poco amadas y atendidas. Pero tercamente decido creer que Dios me ama y se interesa por lo que me sucede. Eso me ayuda a enfrentarme, de manera positiva, cualquier situación que se me presente. Es imposible ser feliz sin conocer a Dios y creer que Él nos ama y que tiene todo bajo su control. ¡Eso es lo que me hace sonreír!

Hay una palabra que mamá repite una y otra vez. ¿Lo notaste? *Elegir*. En resumen, eres tú quien elige convertirte en una madre feliz o infeliz. Incluso mamá, que parece haber salido del vientre sonriendo, tiene que *elegir*. No les eches la culpa a los niños o a las circunstancias. La decisión de seguir adelante con una sonrisa en el rostro es tuya y solo tuya. La buena noticia es que no caminas sola. La otra palabra que mamá repite es *Dios*. Él te ama y nunca te dejará ni te abandonará.

Platos calientes y dedos quemados

Una mañana me hallaba friendo huevos para la familia. (Sí, los huevos que preparo casi son tan buenos como mis galletas). Pensando en agilizar el servicio y mantener calientes los huevos puse platos en la parrilla al lado de la sartén. Estaban bien calientes. Tanto que Noelle agarró su plato con ambas manos, y se quemó los dedos. La pobre fue muy valiente. Ni siquiera soltó el plato caliente, sino que se lo pasó a James, quien lo depositó rápidamente en el fregadero. Noelle comenzó a llorar de dolor mientras yo conseguía hielo para sus dedos. Me sentía una mamá horrorosa. Pero ella no estaba enojada en absoluto. Sabía que había sido un accidente.

Mamás, haremos cosas accidentales que lastimarán a nuestros hijos. Cuando eso suceda, discúlpate, pide perdón y sigue adelante. No te pongas a dar vueltas llena de culpabilidad por hacer algo que no deseabas hacer. Tal como le digo a Lucy cuando se queja y refunfuña por escribir mal una palabra, simplemente borra tu error e inténtalo de nuevo.

Después del incidente de los platos calientes y los dedos tostados me puse a conversar con Ethan.

—¿Preferirías ser la persona que causó el dolor o la que experimentó el dolor? —le pregunté.

—La que experimentó el dolor —respondió.

Estoy totalmente de acuerdo. Es una horrible sensación ser la única responsable del dolor de otra persona, especialmente de un ser amado. Con esto en mente, decidamos cada día bendecir, no maldecir, a nuestros hijos. Y cuando tus hijos te lastimen de vez en cuando con sus palabras o acciones, no te desanimes. Mejor es ser perjudicada que ser una perjudicadora.

En toda familia ocurren accidentes y equivocaciones. Pero no es ahí donde debería estar el enfoque. La mamá feliz fija su mirada en el éxito. Escuché lo siguiente mientras oía el programa de radio *Momento Decisivo* de David Jeremiah:

> En ocasiones captamos la idea, porque se ha abusado mucho, de que a Dios no le interesa nuestro éxito. Incluso en entrenadores cristianos a veces oigo algo así: "Aprendemos tanto de perder como de ganar. Es más, algunas veces es bueno perder para que podamos formar carácter". Pues bien, no lo acepto ni por un instante. He descubierto en mi propia vida que debo esforzarme en gran manera por ganar, porque perderé bastante, lo quiera o no. ¿Acaso no es verdad? Y cuando llegue la pérdida, esta me enseñará lo que debo aprender. No necesito tratar de perder porque es algo automático. Pero debo esforzarme mucho por ganar.[1]

Mamás, debemos esforzarnos mucho por ganar. Durante los últimos treinta y un días hemos estado enfocándonos en cinco claves para convertirnos en mamás felices. ¿Cuáles de ellas han resonado más en ti?

---

1. David Jeremiah, "La vida de José", *Momento Decisivo*, emitido el 29 de octubre, 2014, www.davidjeremiah.org/site/radio_archives.aspx (consultado el 29 de octubre, 2014).

F	Toni**F**icada
E	Ori**E**ntada a la acción
L	**L**igada a la oración
I	Pers**I**stente
Z	Reali**Z**ada

El impacto de leer este libro puede durar mucho más de un mes en tu vida de madre. Al hacer con regularidad un balance de lo que está pasando en tu corazón puedes efectuar los ajustes necesarios para aumentar tu felicidad personal. Cuando estás triste o sientas un aumento en tu presión arterial, contesta las preguntas de esta lista:

- ¿Te estás cuidando físicamente?
- ¿Estás usando un discurso alfa (mira el Día 8), y actuando como la líder de tus hijos?
- ¿Has orado por tus hijos hoy?
- ¿Has reído hoy?
- ¿Estás haciendo por tus hijos cosas que deberían estar haciendo ellos mismos?

Tener tiempos regulares de autoevaluación y reajustar tu actitud te ayudará a ganar más y más como madre. No pienses en lo que no posees. Piensa en lo que posees. Tienes a tu disposición todo lo que necesitas para convertirte en una madre feliz.

El hogar es donde empieza tu historia

Kendra Smiley se crió en un hogar "poco estable", como ella lo llama. Su padre era un buen proveedor, pero alcohólico. Su mamá no era amada. Kendra no conocía a Jesús entonces. Aunque no se crió en un hogar feliz, su historia no terminó allí.

Compré una placa grande y la puse en el vestíbulo de mi casa; decía: "El hogar es donde tu historia comienza". Cuando tienes un inicio difícil, puedes volver a escribir una nueva historia para tu familia. Mi esposo me permite ser medio torpe, infantil y chistosa. Nunca es demasiado tarde para tener una infancia feliz.[2]

---

2. Entrevista con Kendra Smiley.

Qué maravillosa perspectiva. Aunque no tengas un hogar feliz en el cual inspirarte, puedes crear uno para tus hijos (y para ti misma). Mediante el matrimonio, Kendra se convirtió en una "Smiley" (una carita sonriente). Si me permites, te autorizo para que te conviertas en "una carita sonriente" por decisión propia.

Cuando estuve embarazada de Ethan, recuerdo haber ido a la iglesia en el Día de la Madre con mi bebé en el vientre. Estaba más que feliz por encontrarme entre las madres que se pusieron de pie. Aunque mi bebé aún no había nacido, la iglesia fue tan amable en darme mi primer regalo del Día de la Madre. Era una taza blanca fechada el Día de la Madre 2004 con este versículo: "La mujer sabia edifica su casa" (Pr. 14:1).

¿Recuerdas la admiración y el asombro que sentiste cuando sostuviste a tu recién nacido por primera vez? Sin duda le sonreíste a tu precioso envoltijo, tal como yo le sonreí a mi bultito de siete libras. No dejes de sonreír ahora que tu bebé es un muchacho hiperactivo o una adolescente malhumorada. *La mujer sabia edifica su casa.* Tu alegría llevará a tu hijo hasta la edad adulta, y a edificar una historia de origen que valdrá la pena contar y volver a contar.

Versículos bíblicos para la mamá feliz

Estas palabras que yo te mando hoy, estarán sobre tu corazón; y las repetirás a tus hijos, y hablarás de ellas estando en tu casa, y andando por el camino, y al acostarte, y cuando te levantes (Dt. 6:6-7).

Pondréis estas mis palabras en vuestro corazón y en vuestra alma, y las ataréis como señal en vuestra mano, y serán por frontales entre vuestros ojos. Y las enseñaréis a vuestros hijos, hablando de ellas cuando te sientes en tu casa, cuando andes por el camino, cuando te acuestes, y cuando te levantes (Dt. 11:18-19).

A los cielos y a la tierra llamo por testigos hoy contra vosotros, que os he puesto delante la vida y la muerte, la bendición y la maldición; escoge, pues, la vida, para que vivas tú y tu descendencia; amando a Jehová tu Dios, atendiendo a su voz, y siguiéndole a él; porque él es vida para ti, y prolongación de tus días (Dt. 30:19-20).

Levántate, da voces en la noche, al comenzar las vigilias; derrama como agua tu corazón ante la presencia del Señor; alza tus manos a él implorando la vida de tus pequeñitos (Lm. 2:19).

Bienaventurado el varón que no anduvo en consejo de malos, ni estuvo en camino de pecadores, ni en silla de escarnecedores se ha sentado (Sal. 1:1).

El Señor es mi luz y mi salvación; ¿a quién temeré? El Señor es el baluarte de mi vida; ¿quién podrá amedrentarme? (Sal. 27:1, nvi).

Ten piedad de mí, oh Dios, conforme a tu misericordia; conforme a la multitud de tus piedades borra mis rebeliones (Sal. 51:1).

El amor del Señor es eterno y siempre está con los que le temen; su justicia está con los hijos de sus hijos, con los que cumplen su pacto y se acuerdan de sus preceptos (Sal. 103:17-18, nvi).

Si el Señor no edifica la casa, en vano se esfuerzan los albañiles. Si el Señor no cuida la ciudad, en vano hacen guardia los vigilantes. En vano madrugan ustedes, y se acuestan muy tarde, para comer un pan de fatigas, porque Dios concede el sueño a sus amados. Los hijos son una herencia del Señor, los frutos del vientre son una recompensa. Como flechas en las manos del guerrero son los hijos de la juventud (Sal. 127:1-4, nvi).

Oye, hijo mío, la instrucción de tu padre, y no desprecies la dirección de tu madre; porque adorno de gracia serán a tu cabeza, y collares a tu cuello (Pr. 1:8-9).

Hijo mío, no te olvides de mi ley, y tu corazón guarde mis mandamientos; porque largura de días y años de vida y paz te aumentarán (Pr. 3:1-2).

La maldición del Señor cae sobre la casa del malvado; su bendición, sobre el hogar de los justos (Pr. 3:33, nvi).

Panal de miel son los dichos suaves; suavidad al alma y medicina para los huesos (Pr. 16:24).

Corrige a tu hijo, y te dará descanso, y dará alegría a tu alma (Pr. 29:17).

Instruye al niño en su camino, y aun cuando fuere viejo no se apartará de él (Pr. 22:6).

Mucho se alegrará el padre del justo, y el que engendra sabio se gozará con él. Alégrense tu padre y tu madre, y gócese la que te dio a luz (Pr. 23:24-25).

Contenderé con los que contiendan contigo, y yo mismo salvaré a tus hijos (Is. 49:25, NVI).

Hijos, obedeced en el Señor a vuestros padres, porque esto es justo. Honra a tu padre y a tu madre, que es el primer mandamiento con promesa; para que te vaya bien, y seas de larga vida sobre la tierra (Ef. 6:1-3).

Si vosotros, siendo malos, sabéis dar buenas dádivas a vuestros hijos, ¿cuánto más vuestro Padre que está en los cielos dará buenas cosas a los que le pidan? (Mt. 7:11).

Si guardareis mis mandamientos, permaneceréis en mi amor; así como yo he guardado los mandamientos de mi Padre, y permanezco en su amor. Estas cosas os he hablado, para que mi gozo esté en vosotros, y vuestro gozo sea cumplido (Jn. 15:10-11).

No nos cansemos, pues, de hacer bien; porque a su tiempo segaremos, si no desmayamos (Gá. 6:9).

Por nada estéis afanosos, sino sean conocidas vuestras peticiones delante de Dios en toda oración y ruego, con acción de gracias. Y la paz de Dios, que sobrepasa todo entendimiento, guardará vuestros corazones y vuestros pensamientos en Cristo Jesús (Fil. 4:6-7).

No tengo yo mayor gozo que este, el oír que mis hijos andan en la verdad (3 Jn. 4).

Guía de reflexión para la mamá feliz

Introducción: No seamos del montón

1. ¿Sueles sentirte estresada, agotada y abrumada gran parte del tiempo como madre? ¿Qué se debe cambiar a fin de que estés más descansada y contenta como mamá?

2. ¿Qué esperas aprender de la lectura de este libro?

3. ¿Qué preocupaciones de crianza tienes en este momento?

4. ¿Tiendes a ser más el tipo de persona "dime más" que el tipo de persona "ya sé eso"?

Clave 1: Tonificada

1. ¿Eres a veces como la mamá gruñona que dice: "Con el paso del tiempo todo va de mal en peor"? ¿Qué puedes hacer para romper este patrón negativo de pensamiento?

2. Habla acerca de tus prioridades y de cómo estas evolucionan en tu vida cotidiana. Si estás casada, ¿puedes decir que tu esposo está más arriba que tus hijos en el orden jerárquico?

3. El entorno triunfa sobre la fuerza de voluntad cuando de comida se trata. ¿Cuál es el ambiente nutricional de tu hogar? ¿Cuántas veces por semana comen fuera (comida rápida o de otro tipo)? ¿Qué puedes hacer para comer más saludable?

4. Describe la cantidad de ejercicio que haces semanalmente.

5. ¿Alguna vez has tenido el "espíritu del bizcocho"? (Aclaración: no se trata de cuando comes golosinas hasta el cansancio, sino de cuando te comprometes a hacer algo innecesario que te estresará.) De ser así, da un ejemplo.

6. ¿Duermes entre siete y ocho horas todas las noches? Si no es así, ¿qué te está impidiendo dormir más? ¿Qué podrías hacer esta semana para dormir más?

7. Es hora de la vitamina G. Habla de cinco cosas por las que estás agradecida respecto a tus hijos (revisa lo que escribiste en "Inyección de energía para hoy" al final del Día 5).

8. Cuenta una ocasión en que sentiste miedo de algo relacionado con tus hijos. ¿Cómo te vio Dios durante ese tiempo?

Clave 2: Orientada a la acción

1. Cuando les hablas a tus hijos, ¿con qué frecuencia levantas la voz, gritas, repites palabras, amenazas, prometes o suplicas? ¿Cuál sería una manera más eficaz de comunicarte?

2. Si tu hijo o hija de tercer grado olvida su almuerzo, ¿se lo llevas a la escuela? ¿Por qué sí o por qué no?

3. Si tienes preadolescentes o adolescentes, habla sobre los cambios hormonales y de otra naturaleza que estás viendo en tu hijo.

4. ¿Qué es lo que puedes hacer para aprender acerca de la próxima etapa de crianza a la que vas a entrar?

5. ¿Piensa regularmente tu hijo: *Vaya, mamá realmente hablaba en serio,* o lo contrario?

6. En el Día 11 hablamos de la teoría de las ventanas rotas ("arregla los aspectos pequeños antes de que se conviertan en algo más grande"). ¿Cuál es esa pequeñez en el comportamiento de tu hijo que deseas observar y corregir esta semana?

7. En el Día 11 también hablamos de "No esperes, crea". ¿Qué es aquello que tu hijo debe practicar en casa esta semana? Podría ser saludar de modo adecuado a un adulto, sentarse a comer sin aparatos electrónicos para entretenerse, o practicar para una entrevista de trabajo de verano.

8. ¿Luchas con la culpa de madre? ¿Cuál es la diferencia entre culpa buena y culpa mala?

9. ¿Has concebido tiempos límites de pantalla para tu familia? ¿Eres feliz con cómo y cuánto tiempo usan tus hijos las pantallas? ¿Y tú? Si debes hacer algunos cambios, empieza por hacer de la hora de comer un tiempo libre de pantallas para todos.

10. ¿Cómo puedes pulsar el botón de "reinicio" o cómo te gustaría presionarlo en el futuro? ¿Tener una cita semanal para tomar café con una amiga? ¿Llevar un diario? ¿Orar al final de cada día?

Clave 3: Ligada a la oración

1. Cuando tienes un problema, ¿recurres a tu teléfono o computadora para buscar una respuesta?

2. Lee en voz alta los versículos sobre la sabiduría que se encuentran en la página 103 del Día 15.

3. ¿Cómo puedes convertirte esta semana en una madre que ora más?

4. ¿Has participado alguna vez en un grupo de Mamás en Oración? Visita http://www.momsinprayer.org/es para ver si hay un grupo de oración en la escuela a la que asisten tus hijos. Considera comenzar un grupo de oración con las mamás con las que estás haciendo esta guía de reflexión, sobre todo si en tu país no existen redes de Mamás en Oración.

5. Habla de un tiempo en el que el Señor contestó tus oraciones cuando un hijo estaba descontrolado (ve al Día 17).

6. Pasa ahora tiempo en oración por tus hijos. He aquí una guía de oración que puedes usar si lo prefieres:

   Alabanza: Señor, te alabo porque nunca nos dejarás ni nos abandonarás.

   Confesión: Señor, de manera silenciosa te confesamos nuestros pecados.

   Acción de gracias: Gracias por proporcionarnos todo lo que necesitamos.

   Intercesión: Dios, te ruego que le des a _____ tu Espíritu para que él o ella no tenga temor, sino que se llene de poder, amor y dominio propio (2 Ti. 1:7).

Clave 4: Persistente

1. ¿Cuál es tu lugar favorito en que te escondes de los niños? ¿La despensa? ¿El baño? ¿El supermercado? ¿Las redes sociales?

2. ¿Cuándo fue la última vez que hiciste algo para rejuvenecerte como madre? ¿Qué hiciste?

3. Di en voz alta: *Soy una poderosa mamá guerrera* (ve al Día 20). Pronúncialo ahora en tu grupo. ¿Crees que eso sea cierto respecto a ti?

4. ¿Qué Goliats debes dejar que tus hijos afronten hoy en lugar de rescatarlos de ellos?

5. Habla de un tiempo en que tu hijo te llamó "mala madre". Anímense unas a otras en eso. Después de todo, la maternidad no es un concurso de popularidad, y ser una mala madre puede considerarse un gran elogio.

6. ¿Qué cosa divertida ha hecho o dicho tu hijo esta semana?

7. ¿Quién representa un modelo que puedas seguir como madre? Puede tratarse de alguien que conozcas o no personalmente.

8. "No estás criando niños. Estás criando adultos". ¿Estás de acuerdo con esto? ¿Están tus hijos volviéndose menos y menos dependientes de ti? ¿Permites que la realidad sea una maestra, o le solucionas los problemas a tu hijo?

Clave 5: Realizada

1. ¿Qué opinas del Club de la Buena Madre de John Rosemond (ve al Día 26)? ¿Te has adherido sin querer a la doctrina de este club?

2. Programa un Día Internacional "Mami, Tómate el Día Libre". Informa al grupo cómo pasas ese día. O habla ahora de eso si ya has disfrutado el día festivo.

3. ¿Batallas con la carrera por competir? ¿Cómo te ves tratando de mantener el ritmo de los demás en algún nivel?

4. ¿Cómo puedes idear más tiempo de juego en la rutina de tu hijo?

5. ¿Te diviertes y ríes todos los días? Si no es así, ¿cómo puedes cambiar eso?

6. ¿Existe un proyecto de servicio que pueden realizar como familia? De no ser así, ¿qué podrías considerar en el futuro?

7. Cuenta tus historias de éxito en cuanto a las tareas hogareñas. ¿Qué está funcionando en tu hogar?

8. ¿Estás afrontando algo que sientes ahora mismo como una misión imposible en la crianza de tu hijo? Describe de qué se trata.

9. Usa el año en que tu hijo menor se graduará del colegio para planear cuándo tendrás el nido vacío. ¿De qué manera te ofrece esa fecha hoy perspectiva o motivación? ¿Cuál es tu actitud respecto a experimentar el nido vacío?

Resumen de preguntas

1. ¿Cuáles de las cinco claves en el acróstico FELIZ te ha retado más?

F   ToniFicada
E   OriEntada a la acción
L   Ligada a la oración
I   PersIstente
Z   RealiZada

2. ¿Qué cambios han ocurrido en tu actitud y mentalidad en los últimos treinta y un días?

3. Habla de un momento agradable que ocurrió entre tu hijo y tú desde que leíste el libro.

4. ¿En qué momento de tu lectura se te encendió la bombilla?

5. ¿Qué aprendiste respecto a ser una madre más feliz?

6. ¿Qué cosas específicas seguirás haciendo después de acabar este experimento de treinta y un días?

_____

_____

_____

_____

Agradecimientos

M i enorme gratitud a las madres felices que me permitieron entre-
vistarlas. Aún me asombra el calibre de las expertas que participan
en las páginas de este libro. Estoy muy agradecida por su colaboración
e influencia.

Doctora Jennifer Degler: Me ayudaste a mí y a muchas otras personas
a avivar la llama en nuestros matrimonios. Conocerte el año pasado
fue maravilloso. ¿Quién iba a saber que los viajes en auto al aeropuerto
podían ser tan divertidos? Estoy muy contenta de llamarte amiga. James
también lo está. ¡VAMOS ESPOSAS!

Karen Ehman: Gracias por enseñarme a *mantener la boca cerrada
y aguantarme.* Has sido una maravillosa amiga y animadora desde la
primera vez que te vi en tus sesiones en Hearts at Home años atrás. Eres
generosa, tierna, acogedora y francamente divertida.

Pam Farrel: ¡Es fácil elegir el gozo con una amiga y mentora como
tú! Gracias por tu brillante ejemplo sobre cómo criar hijos que honren
a Dios y a ti. No puedo dejar de estar sumamente agradecida contigo
por creer en mí.

Dannah Gresh: Noelle y yo asistimos a nuestro primer evento "chica
guardián secreta" este año. Gracias por dedicar tu vida a ayudar a las
niñas a experimentar libertad absoluta. Tus libros están preparándome
para los años de preadolescencia y adolescencia. ¡Voy a tener algunas citas
grandiosas con mis hijos gracias a ti!

Hannah Keeley: Desde la primera vez que hablamos por teléfono supe
que había un espíritu afín en ti, ¡madre loca que ama a Jesús! No volveré
a mirar un pastel de chocolate del mismo modo desde que te entrevisté.
Eso no es comida.

Karol Ladd: Eres un ejemplo muy apreciado para mí. Deseo ser una
madre y escritora positiva como tú. ¡Qué alegría asociarnos en el ministerio y ser hermanas en Cristo! Voy a hacer fiestas con propósito, y a
mantener un tazón de frutos secos para los amigos de mis hijos, ¡contigo
en mente!

Kathi Lipp: Das un buen nombre al club de madres malas. Tu corazón para ayudar a los demás es muy hermoso. Nos ayudas a escribir con valentía. Gracias por tu fabuloso sentido del humor que siempre me hace reír.

Fern Nichols: Pasar tiempo contigo es un regalo valioso. Reflejas a Jesús, y tu pasión por la oración es contagiosa. Las vidas de mis hijos y la mía habrán cambiado por siempre por el ministerio de Mamás en Oración; ¡gracias por esa increíble bendición!

Laura Petherbridge: Fue una cita divina conocerte en AWSA en Atlanta el verano pasado. Tus perspectivas sobre cómo ser una madrastra inteligente hicieron mucho por el libro. Me encanta tu sentido práctico, tu entusiasmo y tu corazón para Dios.

Rhonda Rhea: Tú, mi amiga amante del chocolate, eres un recurso interminable de buen material. Dios bombardeó a tu familia con genes divertidos. Qué bendición conocerte a ti y a tus hijas el año pasado. Tu alegría toca y mejora todo lo que te rodea.

John Rosemond: Conocerte antes del cierre de edición de mi libro fue un gran regalo de Dios. Qué chistoso oírte decir tantas cosas que James me dice todo el tiempo, ¡pero tú tienes las credenciales para respaldarlo! Si toda madre en los Estado Unidos pudiera oírte hablar, solo durante una hora, esto transformaría nuestra cultura de las mejores maneras.

Ruth Schwenk: Gracias por tomarte el tiempo, entre tus propios cierres de edición, para hablar sobre cómo ser una mamá feliz. Admiro tu intencionalidad en tu vida familiar. Estás inspirando a muchas mujeres a ser mejores madres… ¡gracias por encabezar la carga!

Kendra Smiley: Qué maravilloso que tengas un apellido que coordina a la perfección con mi libro. ¡Qué bendición ha sido tu amistad! Tu personalidad alocada y chistosa más la personalidad equilibrada de John han producido algunos hijos y nietos sobresalientes. ¡Eres realmente fabulosa!

Gwen Smith: Me presentaste las maravillas modernas del champú seco y el café Keurig. Me enseñaste a crear mejores horquillas para el pelo. ¡Esto es lo que las novias hacen! Te aprecio mucho, querida Gwen. Eres totalmente para Jesús; una mujer que adora con toda su vida.

Janet Thompson: Gracias por dedicarte a orientar a otras mujeres. Puedes relacionarte con la hija que ha perdido a su padre, con la mujer que se ha divorciado, con la madre que está orando por un hijo pródigo y con muchas más. Gracias por compartir con nosotras tu piadosa sabiduría.

Kristen Welch: Leer tu blog siempre es provechoso. Gracias por contarme tu historia para que podamos enseñar a nuestros hijos a servir más, a amar a otros y a quejarse menos. Tu *sí* inspiras a madres de todo el mundo a decir también *sí* a Jesús.

A las mamás de mi grupo de oración: Gracias Liz, Elise, Beverly y Marina por su fidelidad en orar. Gracias por levantar a mis hijos hasta el trono de Dios. Y gracias, Clare, por asociarte en oración por la bendición de Dios sobre este libro.

A mi familia en Harvest House: ¡Muchísimas gracias por aceptar mi serie Happy Home con los brazos abiertos! Podemos lograr mucho en treinta y un días. Gracias especialmente a mi excelente editor Rod Morris, y a LaRae Weikert, Bob Hawkins hijo, Christianne Debysingh, Brad Moses y Shane White. Un gran saludo a Ben Laurro de Pure Publicity por llevarme a la ciudad de Nueva York para todos los libros hasta aquí (no te estoy presionando, amigo).

A mi madre Ann y a mi suegra Marilyn: Gracias por el generoso amor que me demuestran. Sus palabras me han animado a través de los años. Gracias por ser madres felices, ¡y abuelas (muy) felices!

A mi James: Seguro que lo haces mucho más fácil ser una mamá feliz. Gracias por ser el adiestrador aquí. ¡Larga vida para el benévolo dictador! Tú pones la felicidad en nuestro hogar todos los días. No puedo esperar para ir otra vez a patinar (guiño, guiño). Acciones de servicio, cariño...

A mis hijos, Ethan, Noelle y Lucy: Un millón de gracias por permitirme poner en impresión sus historias. Ahora que están creciendo, hay un poco más de mortificación en que su madre sea escritora y oradora. Riquezas en el cielo (¿y quizás los lleve a tomar helados aquí en la tierra?). No puedo expresar lo bendecida que soy por ser su madre. ¡Gracias por hacerme una madre muy feliz (y orgullosa)! Los amo mucho.

Acerca de Arlene Pellicane

Arlene y su feliz esposo James viven en San Diego, California, con sus tres hijos: Ethan, Noelle y Lucy. Arlene también es la autora de *31 días para ser una esposa feliz* y *31 Days to a Happy Husband* (solo disponible en inglés). Junto con el doctor Gary Chapman es coautora de *El reto de criar a tus hijos en un mundo tecnológico*. Antes de convertirse en madre y ama de casa, Arlene trabajaba como ayudante de producción para *Momento Decisivo por televisión con el doctor David Jeremiah*, también era directora de funciones para *El Club 700*. Obtuvo su licenciatura en la Universidad de Biola y su maestría en periodismo en la Universidad de Regent. Arlene ha aparecido como invitada en *Today Show, Fox & Friends, Enfoque a la familia, Vida en familia hoy, El Club 700* y *Momento Decisivo con el doctor David Jeremiah*. Como comunicadora enérgica, Arlene narra historias humorísticas y convincentes con el fin de guiar a las mujeres a un cambio positivo de vida. Para recursos gratuitos junto con información sobre cómo contactar a Arlene para que hable en tu evento, visita www.ArlenePellicane.com.

En *31 días para ser una esposa feliz*, Arlene Pellicane explora cinco rasgos del carácter que puedes escoger para desarrollar en tu camino hacia la felicidad. Comprométete a esta aventura de un mes para convertirte en una esposa feliz y descubre un nuevo gozo para ti y tu esposo. El libro incluye una guía con preguntas para cada lectura diaria que reforzará el estudio individual o en grupo.

GARY CHAPMAN
ARLENE PELLICANE

El reto
de criar a
tus hijos en un
mundo
tecnológico

No existe teléfono, tableta o dispositivo de juego que puede enseñar a tu hijo a tener relaciones saludables; solo tú puedes hacerlo. *El reto de criar a tus hijos en un mundo tecnológico* te ayudará a capacitar a tu hijo para relacionarse mejor con otras personas en un mundo digital, reemplazar tiempo sin sentido delante de una pantalla por tiempo significativo con la familia, establecer límites sencillos que hacen una gran diferencia y mucho más.

EDITORIAL
PORTAVOZ

NUESTRA VISIÓN

Maximizar el efecto de recursos cristianos de calidad que transforman vidas.

NUESTRA MISIÓN

Desarrollar y distribuir productos de calidad —con integridad y excelencia—, desde una perspectiva bíblica y confiable, que animen a las personas a conocer y servir a Jesucristo.

NUESTROS VALORES

Nuestros valores se encuentran fundamentados en la Biblia, fuente de toda verdad para hoy y para siempre. Nosotros ponemos en práctica estas verdades bíblicas como fundamento para las decisiones, normas y productos de nuestra compañía.

Valoramos la excelencia y la calidad
Valoramos la integridad y la confianza
Valoramos el mérito y la dignidad de los individuos y las relaciones
Valoramos el servicio
Valoramos la administración de los recursos

Para más información acerca de nuestra editorial y los productos que publicamos visite nuestra página en la red: www.portavoz.com